石家庄十大非物质文化遗产

10 Intangible Cultural Heritages of Shijiazhuang

顾　问 孙建忠

主　审 习　伟

主　编 杨　振

副主编 王利峰　高志怀

委　员 李瑞思　王　蓓　魏玉莹　马文瑞　尹　霞

英文翻译团队 高志怀　李瑞思　魏玉莹

法文翻译团队 王利峰　李　青

西班牙文翻译团队 杨　振　杨　帆

俄文翻译团队 王　蓓　李珊珊　时郝妍

阿拉伯文翻译团队 马文瑞　李文婷　杜天怡

中国宇航出版社

·北京·

图书在版编目（CIP）数据

石家庄十大非物质文化遗产 - 10 Intangible Cultural Heritages of Shijiazhuang : 汉、英、法、西班牙、俄、阿 / 杨振主编 ; 王利峰, 高志怀副主编. -- 北京 : 中国宇航出版社, 2024.2
ISBN 978-7-5159-1944-7

Ⅰ. ①石… Ⅱ. ①杨… ②王… ③高… Ⅲ. ①非物质文化遗产一介绍一石家庄一汉、英、法、西班牙、俄、阿 Ⅳ. ①G127.221

中国国家版本馆CIP数据核字(2023)第248646号

策划编辑　李琬琪　　封面设计　张亚群
责任编辑　李琬琪　　责任校对　刘　杰

出版发行　中国宇航出版社
社　址　北京市阜成路8号　邮　编　100830
（010）68768548
网　址　www.caphbook.com
经　销　新华书店
发行部　（010）68767386　（010）68371900
（010）68767382　（010）88100613（传真）
零售店　读者服务部　（010）68371105
承　印　北京中科印刷有限公司

版　次　2024年2月第1版
2024年2月第1次印刷
规　格　787×1092
开　本　1/16
印　张　8.5
字　数　95千字
书　号　ISBN 978-7-5159-1944-7
定　价　88.00元

河北省政府充分挖掘旅游资源内涵，打造深入人心的燕赵历史文化型旅游经典项目，加强国际化宣传，例如石家庄市评选出“十大非物质文化遗产”后，将其翻译成多种语言，在中欧班列、高铁、公交车等循环播放，扩大石家庄文化品牌影响力。

河北省政协委员

河北外国语学院副董事长、执行校长

习伟教授

Our commitment is to fully develop tourism resources, formulate projects on the household stories out of Yanzhao classic history and culture, and reinforce global publicity. Let's take the 10 intangible cultural heritages selected lately in Shijiazhuang city for instance. We have turned them into varied languages for broadcasting on CRE (China Railway Express) trains, high-speed trains and buses. All this can help Shijiazhuang with her international popularity.

Professor Xi Wei

Vice President and Executive Rector of HISU

Member of the CPPCC Hebei Provincial Committee

Le gouvernement de la province du Hebei devrait mettre en valeur les potentialités des ressources touristiques, créer un projet classique de tourisme historique et culturel de *Yanzhao*, renforcer la promotion de son tourisme à l'international. Par exemple, on a traduit les documents en plusieurs langues *Dix patrimoines principaux culturels immatériels* sélectionnés par la ville de Shijiazhuang et les diffusera dans les trains de fret Chine-Europe, les TGV ainsi que les bus afin d'étendre l'influence de la marque culturelle de Shijiazhuang.

Professeur Xi Wei

Vice-Présidente, rectrice exécutive de l'Université des Etudes Internationales du Hebei

Membre de la Conférence consultative politique du peuple chinois du Hebei

El Gobierno Popular de la Provincia de Hebei explora a fondo la connotación cultural de los recursos turísticos para crear proyectos clásicos de turismo basados en la historia y la cultura de Yanzhao profundamente arraigadas en los corazones de la gente y reforzar la promoción internacional. Por ejemplo, se traducen las 10 principales expresiones del patrimonio cultural inmaterial seleccionadas últimamente en la ciudad de Shijiazhuang en varios idiomas para su difusión en los trenes de carga China-Europa, trenes de alta velocidad y autobuses. Todo esto puede ayudar a Shijiazhuang en ampliar la influencia de su imagen cultural.

Profesora Xi Wei

Vicepresidenta, Rectora Ejecutiva de la Universidad de Estudios Internacionales de Hebei

Miembro de la Conferencia Consultiva Política del Pueblo Chino del Comité Provincial de Hebei

Правительству провинции Хэбэй полностью выявить коннотацию туристических ресурсов, создать углублявшиеся в сердца людей классические туристические программы на основе истории и культуры Яньчжао, усилить международную пропаганду. После того, как город Шицзячжуан выбрал “Топ-10 объектов нематериального культурного наследия Шицзячжуана”, перевели их на множество языков и транслировали циклами на Китайско-европейских железнодорожных экспрессах, высокоскоростных поездах, автобусах и т. д., чтобы расширить влияние культурного бренда Шицзячжуана.

Профессор Си Вэй

Заместитель президента, исполнительный ректор Хэбэйского университета иностранных языков

Член Народного политического консультативного совета провинции Хэбэй

تستخدم حكومة مقاطعة خبي فكرة الأشياء التي يحب الناس رؤيتها والقيام بها عندما يسافرون لإنشاء مشروع سياحي خاص يسمى "يان تشاو". كما أنهم يخبرون الأشخاص من بلدان أخرى عن التقاليد الثقافية الخاصة في مدينة شيجياتشوانغ من خلال ترجمة المعلومات المتعلقة بها إلى لغات مختلفة وتشغيلها في القطارات والحافلات. سيساعد هذا المزيد من الناس على التعرف على الأشياء الثقافية في شيجياتشوانغ والاستمتاع بها.

عضو لجنة مقاطعة خبي للمجلس السياسي الاستشاري للشعب الصيني

نائب رئيسة مجلس الادارة ورئيسة الجامعة التنفيذيّة لجامعة الدراسات الدولية بخبي

الأستاذة شى وى

序 言

评选石家庄十大非物质文化遗产的活动既向国内外传播了本地区取得的经验，又履行了由联合国教科文组织在2003年通过、中华人民共和国2004年12月正式加入的《保护非物质文化遗产公约》的责任和义务。这些文化瑰宝集中再现了历代传承人的知识积累和普通大众的生活方式；这些绵延不断的集体记忆凝练了传承人的万花筒般的生活实践和归属感。截至2022年12月，中国列入联合国教科文组织非物质文化遗产名录（名册）项目共计43项，总数位居世界第一。

此次选编的《石家庄十大非物质文化遗产》内容相映成趣。《桃林坪花脸社火》通过艺术形式讲述了有六百年历史的战争故事，再现了当年勇士的风采。《正定高照》以高超的杂技表演和全民参与的热情描绘了一幅节日的喜庆画卷。《常山战鼓》则通过大型器乐合奏展示了表演者精湛的技艺，其曲目和节奏浑然一体。《石家庄丝弦》既保留了其独特性，又展现了地域多样性、丰富的创造力和附加值。《井陉拉花》保留了古老的音乐舞蹈表达方式，独特风格引人注目。

《井陉木雕》综合介绍了木雕的历史起源、家庭传承、传统风格、经济价值、创业精神和表现主题的多样性。《石家庄酒酿造技艺》表达了千百年来当地数代大师传承的白酒酿造及高级饮品制作技术。《赞皇原村土布纺织技艺》诉说传承人继承古老的民间技术并保持不断创新。《耿村民间故事》侧重口口相传的特点及文化特征，与写作和现代传媒技术形式并驾齐驱。《无极剪纸》展示了对联合国教科文组织在2009年列入人类非物质文化遗产名录的“中国剪纸艺术”的认可与丰富。

总之，《石家庄十大非物质文化遗产》在选取主题、区域和风格方面彰显了河北传承人的表演功夫和艺术感染力。

这里，我想重申《保护非物质文化遗产公约》第十四条和十五条的相关内容。

第十四条　教育、宣传和能力培养

各缔约国应竭力采取种种必要的手段，以便：

（一）使非物质文化遗产在社会中得到确认、尊重和弘扬，主要通过：

（1）向公众，尤其是向青年进行宣传和传播信息的教育计划；

（2）有关社区和群体的具体的教育和培训计划；

（3）保护非物质文化遗产，尤其是管理和科研方面的能力培养活动；

（4）非正规的知识传播手段。

（二）不断向公众宣传对这种遗产造成的威胁以及根据本公约所开展的活动；

（三）促进保护表现非物质文化遗产所需的自然场所和纪念地点的教育。

第十五条　社区、群体和个人的参与

缔约国在开展保护非物质文化遗产活动时，应努力确保创造、延续和传承这种遗产的社区、群体，有时是个人的最大限度的参与，并吸收他们积极地参与有关的管理。

承认文化多样性这个基本问题符合习近平主席提出的“一

带一路”倡议和构建人类命运共同体，有利于增强世界人民之间的相互了解，也有利于充分挖掘国内外文旅资源潜力。

河北外国语学院副校长

古巴科学院终身功勋院士

古巴历史科学院院士

赫苏斯·官切·佩雷斯　博士·教授

PREFACE

The proposal to consider ten new elements for its national and worldwide declaration should broaden the experience achieved and consolidate the responsibility of the People's Republic of China in the safeguarding of heritage identified by UNESCO as "intangible" or "immaterial", as it appears in the Convention approved in 2003 and ratified by China in December 2004. This type of cultural treasure concentrates diverse knowledge and popular ways of doing things accumulated over generations, represents the continuity of collective memory, and constitutes a kaleidoscope of daily practices that are part of the sense of belonging of its bearers. China's experience in this field is extremely broad, since, as reported by UNESCO on its official website, the country has no less than 43 internationally recognized expressions by December 2022, with its total number ranking first in the world.

On this occasion, an appropriate balance is established between the elements proposed. In the case of *Hualian Shehuo* in Taolinping Village, the role of the memory of more than half a millennium is highlighted through the scenic art that evokes a war event. Similarly, performing arts are also present in the Zhengding *Gaozhao* where acrobatics with flags in a festive context attracts the turnout of the villagers; in that sense, the Changshan War Drum is an appropriate occasion to showcase the virtuosity of the performers of the large instrumental ensemble, whose rhythms and repertoires are rooted in this site; on the other hand, Shijiazhuang *Sixian* Opera shows along with its peculiarities the rich regional diversity, which represents added values for the creativity and its performers; jointly, the Jingxing *Lahua* Performance preserves an ancient musical-dance expression that stands out for its own stylistic features. As can be seen, half of the proposals emphasize expressive variations of the performing arts, albeit with themes, places and styles that stand out in Hebei.

Complementing the present proposal are other highly recognized expressions such as Jingxing Wood Carving, which combines the antiquity of its origin, family legacy, accumulated tradition, diversity of styles and themes, and economic entrepreneurship; in the case of The Production Technology of Shijiazhuang Liquor, it is a way of recognizing more than a millennium of knowledge and know-how of many generations of liquor masters, as has already been done in other countries with very high quality beverages and liquors; the skills to make Hand-made Cloth Craftsmanship in Yuancun Village of Zanhuang County should represent another well-deserved recognition of the persistence of archaic techniques that are kept alive and highly creative thanks to their bearers and the sense of continuity they have been able to bestow on them. Similarly, Gengcun Folk Story underlines the role of orality and its transmission — like cultural feature common to the humanity — regardless of what has been achieved by writing and the most recent computer media; finally, Wuji Paper-cutting should enrich the worldwide recognition granted by UNESCO to The Chinese Art of Paper Cutting, inscribed in 2009 on the Representative List of the Intangible Cultural Heritage of Humanity.

As the Convention for the Safeguarding of the Intangible Cultural Heritage itself refers, I would like to highlight two of the articles linked to the social projection of these living cultural treasures as 14 and 15.

Article 14 Education, awareness-raising and capacity-building

Each State Party shall endeavour, by all appropriate means, to:

(a) ensure recognition of, respect for, and enhancement of the intangible cultural heritage in society, in particular through:

(i) educational, awareness-raising and information programmes, aimed at the general public, in particular young people;

(ii) specific educational and training programmes within the communities and groups concerned;

(iii) capacity-building activities for the safeguarding of the intangible cultural heritage, in particular management and scientific research; and

(iv) non-formal means of transmitting knowledge;

(b) keep the public informed of the dangers threatening such heritage, and of the activities carried out in pursuance of this Convention;

(c) promote education for the protection of natural spaces and places of memory whose existence is necessary for expressing the intangible cultural heritage.

Article 15 Participation of communities, groups, and individuals

Within the framework of its safeguarding activities of the intangible cultural heritage, each State Party shall endeavour to ensure the widest possible participation of communities, groups and, where appropriate, individuals that create, maintain, and transmit such heritage, and to involve them actively in its management.

This is also related to the recognition of cultural diversity as a fundamental issue that is projected in the general conception of the Belt and Road Initiative related to mutual knowledge among peoples and at the level of each country. It is also related to the potential of cultural tourism, national and international, a modality of mutual knowledge that is key, as President Xi has said, to build a community with a shared future for humanity.

Prof. Dr. Jesús Guanche Pérez
Vice Rector of Hebei International Studies University
Emeritus Member of the Cuban Academy of Sciences
Full Member of the Cuban Academy of History

PRÉFACE

La proposition de publier *Dix nouveaux éléments dans sa déclaration nationale et mondiale* devrait élargir l'expérience acquise et consolider la responsabilité de la République populaire de Chine dans la sauvegarde du patrimoine immatériel reconnu par l'UNESCO, comme le montre la Convention approuvée en 2003 et ratifiée par la Chine en décembre 2004. Ces trésors culturels reflètent d'une manière concentrée les diverses connaissances accumulées au fil des générations et le mode de vie du peuple, représentent la continuité de la mémoire collective et contituent une pratique kaléidoscopique quotidienne qui fait partie du sentiment d'appartenance des héritiers. L'expérience de la Chine dans ce domaine est extrêmement large puisque, selon les informations sur le site officiel de l'UNESCO, la Chine compte plus de 43 patrimoines internationalement reconnus jusqu'en décembre 2022 et elle se trouve au premier rang du monde.

Dans cette occasion, un équilibre approprié est établi entre les éléments proposés. *Hualian Shehuo* du village de Taolinping met en évidence le rôle de la mémoire d'un demi-millénaire à travers l'art scénique évoquant les événements de la guerre. De même, les arts de la scène sont apparus dans *Gaozhao* de Zhengding, où les acrobaties haussant les drapeaux lors du festival ont attiré la participation des villageois. Tambour de guerre de Changshan est une occasion appropriée pour démontrer la virtuosité des acteurs d'un grand ensemble instrumental, dont les rythmes et le répertoire sont ancrés dans ce lieu. D'autre part, Opéra *Sixian* de Shijiazhuang, tout en étant unique, montre une riche diversité régionale et cela représente une valeur ajoutée pour la créativité des acteurs. Performance de *Lahua* de Jingxing préserve une ancienne expression musicale et chorégraphique qui se distingue par ses caractéristiques stylistiques uniques. Comme on peut le voir, la moitié des propositions mettent en lumière les changements expressifs dans les arts de la scène et les domaines tels que les thèmes, les lieux et les styles dans le Hebei.

D'autres éléments reconnus, tels que Sculpture sur bois de Jingxing, qui combine l'histoire, l'origine, l'héritage familial, les traditions accumulées, la valeur économique, la diversité des styles et des thèmes et l'esprit d'entreprise, complètent la présente proposition. En ce qui concerne Technologie de fabrication d'alcool à Shijiazhuang, c'est une façon de reconnaître plus de mille ans de connaissances et de savoir-faire de plusieurs générations de maîtres, avec des boissons et des alcools chinois de très haute qualité.

Fabrication artisanale de homespun original du comté de Zanhuang devrait être une autre reconnaissance méritée des techniques anciennes qui sont restées vivantes et hautement créatives grâce à leurs héritiers et au sens de la continuité qu'ils ont pu leur donner. De même, Contes folkloriques de Gengcun soulignent le rôle de l'oral et son caractère culturel communicatif, qui riment avec l'écriture et des récentes publications des médias. Enfin, Papier découpé de Wuji montre la reconnaissance mondiale par l'UNESCO de l'art chinois du papier découpé, inscrit en 2009 sur la liste représentative du patrimoine culturel immatériel de l'humanité ainsi que sa richesse.

Comme le mentionne la Convention pour la sauvegarde du patrimoine culturel immatériel elle-même, je voudrais rappeler les articles 14 et 15, qui sont liées à la projection sociale de ces trésors culturels vivants.

Article 14 Education, sensibilisation et renforcement des capacités

Chaque Etat partie s'efforce, par tous moyens appropriés :

(a) d'assurer la reconnaissance, le respect et la mise en valeur du patrimoine culturel immatériel dans la société, en particulier grâce à

(i) des programmes éducatifs, de sensibilisation et de

diffusion d'informations à l'intention du public, notamment des jeunes ;

(ii) des programmes éducatifs et de formation spécifiques au sein des communautés et des groupes concernés ;

(iii) des activités de renforcement des capacités en matière de sauvegarde du patrimoine culturel immatériel et en particulier de gestion et de recherche scientifique ; et

(iv) des moyens non formels de transmission des savoirs ;

(b) de maintenir le public informé des menaces qui pèsent sur ce patrimoine ainsi que des activités menées en application de la présente Convention ;

(c) de promouvoir l'éducation à la protection des espaces naturels et des lieux de mémoire dont l'existence est nécessaire à l'expression du patrimoine culturel immatériel.

Article 15 Participation des communautés, groupes et individus

Dans le cadre de ses activités de sauvegarde du patrimoine culturel immatériel, chaque Etat partie s'efforce d'assurer la plus large participation possible des communautés, des groupes et, le cas échéant, des individus qui créent, entretiennent et transmettent ce patrimoine, et de les impliquer activement dans sa gestion.

Cela est également lié à la reconnaissance que la diversité culturelle est une question fondamentale, telle qu'elle est présentée dans la conception générale de l'Initiative la Ceinture et la Route, qui implique la compréhension mutuelle entre les peuples au niveau du monde. Il est également lié au potentiel du tourisme culturel national et international, qui, comme l'a dit le Président Xi, est une forme de connaissance mutuelle et la clé de la construction d'une communauté de destin pour l'humanité.

Prof. Dr. Jesús Guanche Pérez

Vice-Recteur de l'Université des Etudes Internationales du Hebei

Membre émérite de l'Académie des sciences de Cuba

Membre de l'Académie d'histoire de Cuba

PRÓLOGO

La propuesta de considerar diez nuevos elementos para su declaratoria tanto nacional como a nivel mundial debe ampliar la experiencia alcanzada y consolidar la responsabilidad de la República Popular China en la salvaguardia del patrimonio identificado por la UNESCO como «intangible» o «inmaterial», tal como aparece en la Convención aprobada en el año 2003 y que fue ratificada por China en diciembre de 2004. Este tipo de reliquia cultural concentra diversos saberes y formas de hacer populares acumulado durante generaciones, representa la continuidad de la memoria colectiva y constituye todo un caleidoscopio de prácticas cotidianas que forman parte del sentido de pertenencia de sus portadores. La experiencia de China en este campo es sumamente amplia, pues como informa la UNESCO en su página oficial, el país posee hasta diciembre de 2022 nada menos que 43 expresiones reconocidas internacionalmente y ocupa el primer lugar en el mundo.

En esta ocasión se establece un adecuado balance entre los elementos que se proponen. En el caso de *Hualian Shehuo en la villa de Taolinping* resalta el papel de la memoria de más de medio milenio mediante el arte escénico que evoca un suceso bélico. De manera análoga, las artes escénicas se encuentran presentes también en el *Gaozhao en el condado de Zhengding* donde la acrobacia con banderas en un contexto festivo atrapa la concurrencia de los pobladores; en ese sentido, el *Tambor de guerra de Changshan* es una ocasión apropiada para exhibir el virtuosismo de los ejecutantes del gran conjunto instrumental, cuyos ritmos y repertorios se encuentran arraigados en este sitio; por otra parte, la *Ópera Sixian de Shijiazhuang* muestra junto con sus peculiaridades la rica diversidad regional, lo que representa valores añadidos por la creatividad y sus intérpretes; conjuntamente, la *Actuación de Lahua de Jingxing* preserva una antigua expresión músico-danzaria que se destaca por sus rasgos estilísticos propios. Como puede observarse, la mitad de las propuestas hace énfasis en variaciones expresivas de las artes escénicas, aunque con temas, lugares y estilos sobresalientes de Hebei.

Complementan la presente propuesta otras expresiones muy reconocidas como la *Talla en madera del condado de Jingxing*, que combina la antigüedad de su origen, el legado familiar, la tradición acumulada, la diversidad de estilos y temas, y el emprendimiento económico; en el caso de la *Tecnología de elaboración de licor de Shijiazhuang* es un modo de reconocer más de un milenio de saberes y haceres de muchas generaciones de maestros licoreros, tal como ya se ha hecho en otros países con las bebidas y licores de muy alta calidad; las destrezas para realizar la *Artesanía de telas a mano en la villa de Yuancun del condado de Zanhuang* debe representar otro merecido reconocimiento a la persistencia de técnicas arcaicas que se mantienen vivas y sumamente creativas gracias a sus portadores y al sentido de continuidad que han sido capaces de otorgarle; de igual manera, la *Historia folklórica de Gengcun* subraya el papel de la oralidad y su transmisión — como rasgo cultural común a la humanidad — con independencia de lo alcanzado por la escritura y los medios informáticos más recientes; finalmente, el *Papel recortado de Wuji* debe enriquecer el reconocimiento mundial otorgado por la UNESCO a *El arte chino del recorte de papel*, inscrito en 2009 en la Lista Representativa del Patrimonio Cultural Intangible de la Humanidad.

Como refiere la propia Convención para la Salvaguardia del Patrimonio Cultural Intangible, deseo resaltar dos de los artículos vinculados con la proyección social de estos tesoros culturales vivos como el 14 y el 15.

Artículo 14 Educación, sensibilización y fortalecimiento de

capacidades

Cada Estado Parte intentará por todos los medios oportunos:

(a) asegurar el reconocimiento, el respeto y la valorización del patrimonio cultural intangible en la sociedad, en particular mediante:

(i) programas educativos, de sensibilización y de difusión de información dirigidos al público, y en especial a los jóvenes;

(ii) programas educativos y de formación específicos en las comunidades y grupos interesados;

(iii) actividades de fortalecimiento de capacidades en materia de salvaguardia del patrimonio cultural intangible, y especialmente de gestión y de investigación científica; y

(iv) medios no formales de transmisión del saber;

(b) mantener al público informado de las amenazas que pesan sobre ese patrimonio y de las actividades realizadas en cumplimiento de la presente Convención;

(c) promover la educación sobre la protección de espacios naturales y lugares importantes para la memoria colectiva, cuya existencia es indispensable para que el patrimonio cultural intangible pueda expresarse.

Artículo 15 Participación de las comunidades, grupos e individuos

En el marco de sus actividades de salvaguardia del patrimonio cultural intangible, cada Estado Parte tratará de lograr una participación lo más amplia posible de las comunidades, los grupos y, si procede, los individuos que crean, mantienen y transmiten ese patrimonio y de asociarlos activamente a la gestión del mismo.

Lo anterior también se relaciona con el reconocimiento de la diversidad cultural como una cuestión fundamental que se proyecta en la concepción general de la iniciativa de la Franja y la Ruta relacionada con el conocimiento mutuo entre los pueblos y al nivel de cada país. También se relaciona con las potencialidades del turismo cultural, nacional e internacional, una modalidad de conocimiento mutuo que resulta clave, como ha referido el presidente Xi, para construir una comunidad con un futuro compartido para la humanidad.

Prof. Dr. Jesús Guanche Pérez
Vicerrector de la Universidad de Estudios Internacionales de Hebei
Miembro de Mérito de la Academia de Ciencias de Cuba
Miembro de Número de la Academia de la Historia de Cuba

ПРЕДИСЛОВИЕ

Инициатива по публикации “Топ-10 объектов нематериального культурного наследия города Шицзячжуан” одновременно распространяет опыт, накопленный в регионе, в стране и за рубежом и разъясняет ответственность и обязательства Конвенции о нематериальном культурном наследии, признанной ЮНЕСКО в 2003 году и ратифицированной Китайской Народной Республикой в декабре 2004 года. Эти культурные сокровища представляют собой концентрированное воспроизведение накопленных знаний поколений наследников и образа жизни широких слоев населения. Коллективная память этих участков сгущает калейдоскопические жизненные практики и чувство принадлежности наследников. По состоянию на декабрь 2022 года в Список нематериального культурного наследия ЮНЕСКО (реестр) включили 43 китайских объектов, что является самым высоким показателем в мире.

В этом случае между предложенными элементами “Топ-10 объектов нематериального культурного наследия города

Шицзячжуан" устанавливается соответствующий баланс. "Хуалянь Шехуо Таолиньпин" — это художественное повествование о войне, которая произошла более 600 лет назад. "Гаоджао Чжэндин" изображает праздничную картину с высоким уровнем акробатического исполнения и энтузиазмом всех участников. "Боевой барабан Чаншань" является подходящим случаем для демонстрации виртуозности исполнителей большого инструментального ансамбля, чьи ритмы и репертуар уходят корнями в это место. "Сысянь опера Шицзячжуан" наряду со своими особенностями демонстрирует богатое региональное разнообразие, что представляет дополнительные ценности для творчества и его исполнителей. "Выступление Лахуа Цзинсин" сохраняет древнее музыкально-танцевальное выражение, которое выделяется своими стилистическими особенностями. Очевидно, что упомянутые выше объекты нематериального культурного наследия демонстрируют усилия и художественную заразительность наследников Хэбэя в выборе тем, регионов и стилей.

"Резьба по дереву Цзинсин" сочетает в себе древность происхождения, семейное наследие, накопленные традиции, разнообразие стилей и тем и экономическое предпринимательство. “Технология производства китайской водки Шицзячжуан” выражает технику пивоварения и приготовления изысканных напитков, которая передавалась от поколения к поколению местными мастерами на протяжении тысяч лет. “Мастерство ткани ручной работы Юаньцунь Заньхуан” рассказывает историю наследников, которые унаследовали древние народные техники и постоянно их обновляли. “Народная история Гэнцунь” подчеркивает роль устности и ее передачи как культурной особенности, общей для всего человечества, независимо от того, что было достигнуто письменностью и новейшими компьютерными средствами. “Резка бумаги Уцзи” демонстрирует признание и обогащение китайского искусства вырезания по бумаге, которое в 2009 году было включено в список нематериального культурного наследия человечества ЮНЕСКО.

Здесь я хотел бы ещё раз подчеркнуть соответствующее содержание статей 14 и 15 Конвенции об охране нематериального культурного наследия.

Статья 14 Образование, повышение осведомленности и создание потенциала

Каждое государство-участник всеми надлежащими средствами стремится к следующим целям:

(а) Обеспечение признания, уважения и повышения роли нематериального культурного наследия в обществе, в частности, посредством:

(i) Образовательных программ по популяризации и распространению информации среди общественности, особенно среди молодежи;

(ii) Конкретных образовательных и учебных программ в соответствующих сообществах и группах;

(iii) Мероприятий по созданию потенциала для охраны нематериального культурного наследия, в частности в области управления и научных исследований;

(iv) Неформальных средств передачи знаний;

(б) Информирование общественности об опасностях, угрожающих такому наследию, и о деятельности, осуществляемой во исполнение настоящей Конвенции;

(в) Содействие образованию в целях охраны природных пространств и памятных мест, существование которых необходимо для выражения нематериального культурного наследия.

Статья 15 Участие сообществ, групп и отдельных лиц

В рамках своей деятельности по охране нематериального культурного наследия каждое государство-участник стремится обеспечить как можно более широкое участие сообществ, групп и, в соответствующих случаях, отдельных лиц, которые создают, сохраняют и передают такое наследие, и активно привлекать их к управлению им.

Признанием культурного разнообразия является фундаментальный вопрос, который соответствует инициативам председателя Си Цзиньпина "Один пояс, один путь" и "Построение сообщества человеческой судьбы", и способствует укреплению взаимопонимания между народами мира и использованию всего потенциала культурных и туристических ресурсов в стране и за рубежом.

Проф. Д-р Хесус Гуанче Перес

Проректор Хэбэйского университета иностранных языков

Почетный член Кубинской академии наук

Действительный член Кубинской академии истории

المقدمة

إنّ مبادرة طباعة <<التراث الثقافي غير المادي العشر الأكبر لمدينة شيجياتشوانغ>> لا تنشر الخبرات المحصولة عليها بهذه المنطقة إلى الخارج فحسب، بل توضّح مسؤوليات وواجبات لاتفاقية صون التراث الثقافي غير المادي الذي عيّنه اليونسكو في عام 2003، وصدقت عليها جمهورية الصين الشعبية في ديسمبر لعام 2004. أعادت هذه الكنوز الثقافية تراكم المعرفة للوارثين وأساليب حياة متعددة لعامة الشعب إظهارا مركزيا. بلورت هذه الذكريات الجماعية المستمرة ممارسة الحياة المتنوعة والشعور بالانتماء للوارثين. توجد 43 عنصرا إجماليا في قائمة اليونسكو للتراث الثقافي غير المادي حتى ديسمبر لعام 2022، حيث احتلّ إجمالي عدده المركز الأوّل في العالم.

هذا التراث غير المادي العشر الذي تم اختياره مثير ومنسجم. روى فن <<شه هوه هوا ليان لريف تاو لين بينغ>> قصص الحروب قبل أكثر من ستمائة سنة بأساليب فنية لإظهار شجاعة المحاربين في ذلك الوقت. ووصف فن <<قاو تشاو لمحافظة تشنغدينغ>> مشاهد من الاحتفال بالعيد عن طريق العروض التمثيلية الماهرة وحماس المشاركة الشعبية. وعرض فن <<طبل الحرب لمحافظة

تشانغشان>> مهارة الممثلين الرائعة عبر أغاني معروفة للجمعيات الموسيقية الكبيرة والإيقاعات الصادمة، وإنّ فن <<أوبرا سي شيان لمدينة شيجياتشوانغ>> عرض التنوع الإقليمي وقدرة الإبداع الوافرة والقيمة المضافة وهو حفظ ميزاته الفريدة، كما حفظ فن <<لا هوا لمحافظة جينغشينغ>> أساليب التعبير القديمة للموسيقى والرقص وأسلوبه الفريد يجذب أنظار الناس للغاية. من الواضح أنّ مشاريع التراث الثقافي غير المادي الخمسة المذكورة أعلاه في مدينة شيجياتشوانغ أظهرت مستوى التمثيل لوارثين خبي وجاذبية الفن في اختيار الموضوعات والمناطق والأساليب.

يعرض <<فن الحفر على الخشب لمحافظة جينغشينغ>> أصل تاريخه وتراث أسرته وأسلوبه التقليدي وقيمته الاقتصادية وروح التأسيس وتنوع موضوع التعبير على شكل شامل. يعبر << فن صناعة الخمر لمدينة شيجياتشوانغ>> عن مهارة التخمير التي يتوارثونها أجيال الأساتذة المحليين عبر العصور العديدة ومهارة تصنيع الأشربة من الدرجة العالية منذ آلاف سنة. تحدث <<صناعة القماش اليدوية لقرية يوانتسون بمحافظة زانهوانغ>> عن الوارثين يرثون التقنية الشعبية القديمة ويبدعون استمرارا. تركز <<القصص الشعبية لقرية جينغكون>> على الميزات من التعليمات الشفهية والخصائص الثقافية، حيث تساير مع الكتابة ومهارة الإعلام

العصرية. تعرض <<المقصوصات الورقية لمحافظة ووجي>> الموافقة والتنوع لـ"فن المقصوصات الورقية الصينية" الذي أدرجتها اليونسكو على قائمة التراث الثقافي غير المادي البشري في عام 2009.

وأريد أن أؤكد بعض المحتويات حول المادة 14 و15 لاتفاقية صون التراث الثقافي غير المادي:

المادة -14 التعليم والدعوة وبناء القدرات

تسعى الدول الموقعة على الاتفاقية إلى اتخاذ جميع الإجراءات اللازمة، :لـ

(أ) ضمان الاعتراف بالتراث الثقافي غير المادي واحترامه وتعزيزه في المجتمع من خلال:

١ برامج التربية لإعلام وانتشار المعلومات التي تستهدف إلى عامة الجمهور، ولا سيما الشباب؛

٢ برامج التعليم والتدريب المحددة المتعلقة بالمجتمعات والجماعات المعنية؛

٣ أنشطة بناء القدرات لصون التراث الثقافي غير المادي، ولا سيما الإدارة والبحث العلمي؛

٤ الوسائل غير الرسمية لنقل المعارف.

(ب) انتشار الأخطار التي تهدد هذا التراث والأنشطة التي يتم القيام بها عملا بهذه الاتفاقية إلى الجماهير؛

(ج) تعزيز تأسيس الأماكن الطبيعية للمحافظة على التراث الثقافي غير المادي وأماكن التعليم الذكرى ضروريا.

المادة -15 مشاركة الجماعات والمجموعة والأفراد

يجب على كل الدولة الموقعة على الاتفاقية أن تسعى الى ضمان تشكيل الجماعة والمجموعة لوراثة هذا النوع من التراث عندما أقامت بأنشطتها الخاصة بالحفاظ على التراث الثقافي غير المادي حتى اشتركت في اشتراكها وإدارتها الى أقصى حد.

تتفق مسألة الاعتراف بتنوع الثقافة مع مبادرة "الحزام والطريق" وبناء مجتمع مصير مشترك للبشرية التي طرحها الرئيس الصيني شي جين بينغ، وهذا يدفع التعارف المتبادل بين شعوب العالم والاستكشاف عن القوة الكامنة للثقافة والسياحة لداخل البلاد وخارجها.

الأستاذ الدكتور خيسوس جوانش بيريز

نائب الرئيس لجامعة الدراسات الدولية بخبي

عضو فخري في الأكاديمية الكوبية للعلوم

عضو كامل العضوية في الأكاديمية الكوبية للتاريخ

目录

第一部分

中文版

第二部分

英文版

第三部分

法文版

第四部分

西班牙文版

第五部分

俄文版

第六部分

阿拉伯文版

第一部分

中文版

1 桃林坪花脸社火

桃林坪花脸社火是每年正月十五在井陉小作镇桃林坪村举行的一项民间祭祀、娱神、祈福的民俗活动。“社”古指土地神，后演变为地域区划单位，即六里为一社，以社为单位“击器而歌，围火而舞”，故称社火。

早在600多年前，在桃林坪村南楸树梁发生过一场保护家园的激战，几百名将士浴血奋战，最终击败了入侵敌寇。后来，当地百姓为了纪念这场战斗，组建起一支花脸社火队伍。桃林坪花脸社火有着鲜明的特点，每个演员像古装戏演员一样，脸上都画着脸谱，身穿戏装，使用真刀真枪表演，再现了历史人物的作战造型。

桃林坪花脸社火世代相传，生生不息。特别是改革开放以后，在老艺人的精心指导下，掀起了新一轮传承社火的高潮，多次参加井陉县民间艺术节演出并获奖。

2 井陉木雕

井陉木雕始于唐代，以家族方式传承至今。目前传人是许金考、许红阳。

井陉木雕以传承木雕技艺为根，以弘扬民族文化为脉，始终遵守古法浮雕来进行雕琢，浮雕分为四种：深浮雕、薄浮雕、浅浮雕和镂空雕。浮雕最早起源于建筑上的装饰，比如以前在建筑上的大梁、牛腿上雕刻，后演变到家具雕刻。许氏后人始终坚持传统技艺的操作流程，牢记“一刀刻一下，一下凿一刀，刻刀顺线走，线面成接合”的许氏雕刻艺诀。经过不断探索、磨练，木雕雕工的层次感和立体感更加鲜明厚重，形成了井陉木雕的独有特色。

目前井陉木雕在沿袭与传承古艺的基础上，注重将传统文化与现代需求相结合，设计出一系列现代艺术家居衍生品及装饰品，使得古朴厚重的雕刻艺术作品焕发出新的时代气息。

2021 年 4 月，井陉木雕传承人许红阳在石家庄市中心北国商城附近建立了许氏木雕艺术馆，免费对外开放，让更多人了解、喜爱木雕这门传统手艺。

3 石家庄酒酿造技艺

石家庄酿酒史源远流长，是中国酒文化发源地之一。石家庄台西商代遗址出土酿酒酵母遗存，平山战国中山王墓出土现存最早的实物古酒等考古发掘和史学典籍均已佐证。秦汉以来石家庄区域的造酒技艺、饮酒之风和酿酒业发展一直居于全国前列，固态蒸馏酒传统酿造史悠久迄今已有千年的历史。

石家庄酒酿造技艺，是以太行山地区优质高粱为原料，以石家庄地区优质小麦生产中高温大曲为糖化发酵剂，采用固态续茬配料，泥池老窖发酵，老五甑工艺，缓火蒸馏，分段摘酒，分级入库，陶坛贮存，精心勾调。历年来以口传心领、师徒相延方式代代相传，不断创新发展，是不可用现代技术替代的技艺。石家庄酒酿造技艺以其典型风格获奖无数。

4 赞皇原村土布纺织技艺

赞皇原村土布纺织技艺是利用纺车、织布机等工具制作棉布的一种纯手工传统技艺，是从赞皇县口头村的土布制作小作坊逐步发展起来的。赞皇原村土布选用当地优质长绒棉花，经过轧花、弹花、纺线、打线、浆染、栓布、织布、缩水等72道工序纺织

而成。其生产过程全部为手工生产，不用任何动力机械和能源，环保无污染。原料优质、工艺精湛，产品具有吸汗透气、不起皱、不卷边、不起球、不掉色、无过敏、无静电、抗辐射等优点。

2007年，传承人崔雪琴带领60多名农村中老年妇女成立了河北省首家妇女专业合作社——赞皇原村土布专业合作社，开启了创业之路。2008年成立了赞皇县雪芹棉产品开发有限公司，使当地土布制作由一家一户的分散经营，走上了产业化发展的道路。赞皇县雪芹棉产品开发有限公司通过“公司＋合作社＋文化产业园＋基地＋农户”模式进行经营，建设了原村土布文化扶贫产业园、原村土布博物馆、农产品加工展销馆等，设立了传统工艺工作站和5个非遗扶贫就业工坊，拥有“原村”“太行原村”两大品牌，涉及床上用品、服装服饰等多系列300多种产品，销售网络覆盖全国各大中城市，商贾如云。

5 正定高照

正定高照是石家庄市正定县的一种民间杂技，属于正定的民间花会艺术，最具代表性的是新城铺（附城驿）村。

高照，又叫中幡，起源于民国以前，已有百余年历史。据说，皇帝出行有盛大的仪仗队，其中幡旗必不可少。打举幡旗的人在闲暇之时，就要弄幡旗，最终练得一身绝活。后来出宫到正定，把此技艺传给村民，成为闲暇时间和庙会期间一种杂耍技艺。自此正定民间兴起高照杂耍，流传至今。

高照是正定民间花会表演的一个有代表性的重要项目，具有较强的地域性，在百余年的实践发展中，形成了自己的特色，其表演有着多套套路动作，要求稳、准、快，手眼配合一致，具有较强的艺术价值和观赏价值。

郭建兵为正定高照的第六代传承人，精通全套正定高照表演套路，并且通过不断创新改进，实现该项目的活态传承，为其传承发展作出了积极贡献。

6 耿村民间故事

耿村始建于明初，现隶属于石家庄市藁城区。耿村自古以来就是商贸繁盛之地，贸易不仅带来了商业的繁荣，同时也带来了四面八方的故事、歌谣。讲故事、听故事成为耿村民俗文化的必要组成部分，也成为耿村民俗文化的标记。

耿村民间故事包括神话传说、英烈传奇以及当代新人新事等内容，口耳相传的故事已被整理成《耿村民间故事集》《耿村民间文化大观》《耿村一千零一夜》等20多部图书，文字超过7000万字。

耿村民间故事因民间故事家群和民间口头文学的集中发现而著称于世，获誉“中国故事第一村”。耿村民间故事普查和研究被称为“耿村文化工程”，逐渐成为一种文化现象。耿村民间故事涉及社会学、伦理学、历史学、宗教学、哲学和文学等内容，具有较高的学术价值。

7 无极剪纸

无极剪纸艺术历史悠久，在古代无极县就有剪灯花、挂彩纸、剪年符（福）、贴窗花的习俗。明末清初，无极剪纸开始盛行。在无极县剪纸图谱档案中，年代最久的一幅作品是负有盛名的剪纸高手李荣姐（1854—1926）的《蝈蝈白菜》。

无极剪纸在继承传统剪纸艺术造型优美、寓意深刻的基础上，受山西和杨柳青年画的影响，经过长久发展和历史积淀，逐步形成题材丰富、形式多样、古朴大方、纯真完美的艺术表现风格。无极剪纸作品大多图文并茂、妙趣横生，花鸟鱼虫、珍禽异兽、十二生肖、神话传说、各类人物、蔬菜瓜果及生活所见，世间百态，无所不取，无所不剪，深受人们喜爱。

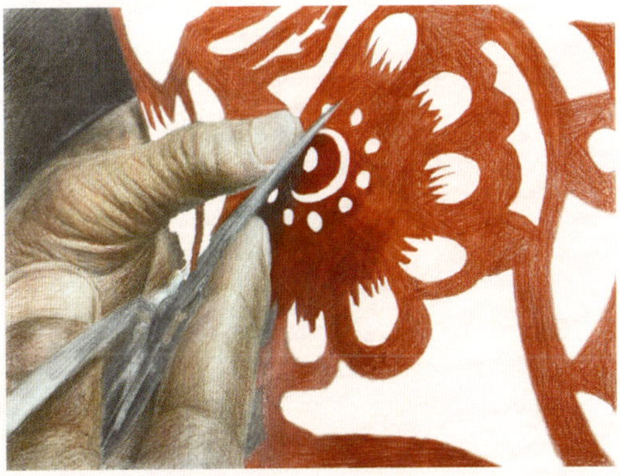

8 常山战鼓

常山战鼓是正定民间艺术的优秀代表，源远流长，久负盛名。据《正定县志》记载，早在战国时期已具雏形，至明代盛行于民间。因正定历史上是常山郡所在地，故而得名。

常山战鼓是由鼓、大钹、中钹、小钹、锣等打击类乐器组合而成的一种民间锣鼓，其编制小则几十人，大至几百人不等，套路多样，品种丰富，曲牌繁多，共9系72套，大多由独立的锣鼓段子连缀组合而成。其表演雄壮威武，气势磅礴，鼓点紧凑，变化复杂有致，声响高亢激昂，乐与舞浑然一体，成为一门以音乐为主，且乐舞结合的综合性艺术。

常山战鼓是正定古城鼓和舞文化的重要遗存，它凭借独特魅力和迷人风采，被称为“最有气势的表演”，多次在中国北方鼓乐展示大会夺冠。

9 石家庄丝弦

石家庄丝弦是河北省的古老剧种之一，也是全国稀有、石家庄独有的戏曲声腔剧种。丝弦剧种起源于明代，在漫长的发展历程中，以石家庄地区为中心，融入晋、冀、豫的风土人情和文化内涵。剧种共分五路，即东、西、南、北、中，其中又以石家庄丝弦（中路）影响最大，区域最广。

丝弦又名弦索腔、弦子腔、罗罗腔，据传是在元人小令、明清俗曲的基础上衍变形成的。石家庄丝弦先以真声唱字，旋律向上大跳翻高，再用假声拖腔，旋律顺级下行，时而激越悠扬慷慨奔放，时而怒涛旋转急泄直下，这种尾腔翻高的唱法，为丝弦剧种独有的特色，具有独特的艺术魅力。

石家庄市丝弦剧团是丝弦剧种唯一一个专业院团，是国家级非遗代表性项目——石家庄丝弦的项目保护单位和省级非遗传承示范基地。石家庄丝弦的代表性剧目有《空印盒》《白罗衫》《小二姐做梦》《赶女婿》《花烛恨》等。周总理曾先后五次观看剧团演出，四次亲切接见演员，两次合影，并亲笔题词勉励全体同志。

10 井陉拉花

井陉拉花属于北方秧歌，历史悠久，源远流长，2006年被列入首批国家级非物质文化遗产名录。

井陉拉花起源于宋元，盛行于明清，形成和流传于井陉县境内，是全国优秀的民间舞种之一。在井陉有多种流派传承，尤以东南正、庄旺、南固底的拉花最为出色，最有代表性。

井陉拉花虽属秧歌范畴，但又有其显著的自身艺术特色。它以“拧肩”“扭臂”“翻腕”“吸腿”“撇脚”等动作为主要舞蹈语汇，形成刚柔相济、粗犷含蓄的独特艺术风格。

井陉拉花的音乐为独立乐种，既有河北吹歌的韵味，又有民歌、民间曲牌和戏曲曲牌的音调，还不乏浓厚的寺庙音乐和宫廷音乐的色彩，古朴典雅、清爽动听、深沉美妙、刚健稳重，与拉花舞蹈的沉稳、含蓄、刚健、豪迈风格浑然一体。

自1996年井陉县被文化部命名为“中国民间文化艺术之乡（拉花之乡）”后，已多届蝉联这一国字号荣誉。

第二部分

英文版

· 1 ·

Hualian Shehuo in Taolinping Village

The traditional *hualian* (or painted face) *shehuo* performance is held on the 15th of the first lunar month in Taolinping village, Xiaozuo township, Jingxing county, as a folk activity of sacrifice, recreation or blessing. The Chinese character, *she*, god of land, has gradually evolved into a unit of region within a commune of three kilometers. In a commune, folks sing and dance around the bonfire with weapons in hand. So, *shehuo* has come into use.

Over 600 years ago, there was a fierce fight at Qiushuliang south of Taolinping village. Hundreds of soldiers fought a bloody battle to defend their home, and finally defeated the invaders. Later, a *hualian* troupe was formed to commemorate the battle. Taolinping *hualian shehuo* performance possesses distinct characteristics. Wearing costumes and having his face painted like an actor, each member performs, holding a real sword and spear. It is a reproduction of the combat modeling of historical figures.

Taolinping *hualian shehuo* is thus passed down from generation to generation. In particular, since the reform and opening up, a new round of inheritance has boomed with the careful guidance of elder artists. That enables *shehuo* performances to have won innumerable awards in Jingxing county folk art festivals.

· 2 ·

Jingxing Wood Carving

Jingxing wood carving began in Tang dynasty and has been inherited by a family to this day. Xu Jinkao and Xu Hongyang are inheritors, today.

Jingxing wood carving is rooted in the inheritance of traditional sculpting relief and aimed at promotion of national culture. The four types include high, mid, low and sunken reliefs. Wood carving was derived originally out of decorations on such places as beams or corbels of a building, and then turned into decorations on furniture. The descendants of the Xu family always adhere to their motto of artistic masterpiece with modeling, concise, skillful knife, smooth and crisp lines of technological features. Through constant exploration and practice, the wood carving works have become more distinct and formed unique characteristics of Jingxing wood carving.

At present, Jingxing wood carving, inheriting ancient art and combining traditional culture with modern needs, designs a series of modern art household derivatives and decorations, which make the ancient carving works radiate a glamour of the new era.

In April 2021, Xu Hongyang, an inheritor of Jingxing wood carving, established his wood art gallery by Beiguo Mall in the center of Shijiazhuang, which is open to the public and free of charge, for an extensive dissemination of the lovely craftsmanship of wood carving.

· 3 ·

The Production Technology of Shijiazhuang Liquor

Shijiazhuang has a long history of liquor production, and is known as one of the cradles of Chinese liquor culture. The unearthed yeast from tombs of Shang dynasty in Taixi village, and the bottles of liquor from tombs of Zhongshan Kingdom of the Warring States Period in Pingshan county, Shijiazhuang, together with other relics and historical texts have all vindicated this. Since Qin and Han dynasties, Shijiazhuang has been at the forefront in liquor production, drinking culture and distilling in China. Shijiazhuang liquor boasts a history of 1,000 years in making solid-state distilled spirits.

Shijiazhuang liquor is made from local sorghum as raw material, and fermentation of *daqu* production from wheat and solid-state mixtures added with high and medium incubation temperatures. Meanwhile, continued fermentation is maintained in earthen cellars, and five distillations performed at low heat, before liquors are separately produced and graded for storage and careful blending in pottery. Over the years, the technology has been passed down from generation to generation by word of mouth. Despite constant innovation, it cannot be replaced by modern technology. The production technology of Shijiazhuang liquor has earned many awards and honors for its special style.

· 4 ·

Hand-made Cloth Craftsmanship in Yuancun Village of Zanhuang County

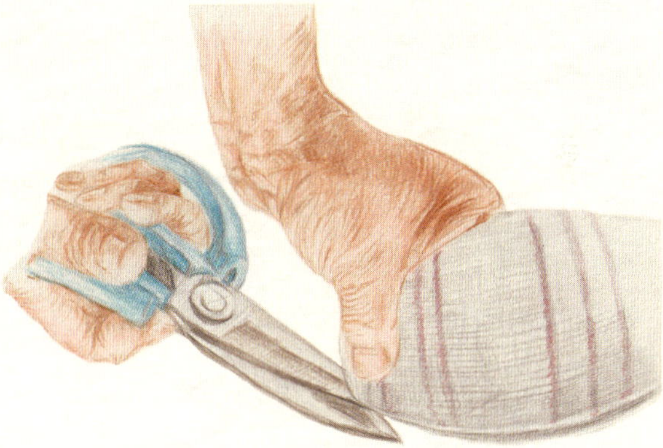

The hand-made cloth craftsmanship in Yuancun village of Zanhuang county is a traditional technology of making cotton cloth by spinning wheels, looms and other weaving tools. It has developed gradually from a small workshop in Koutou village, Zanhuang county.

The hand-made cloth in Yuancun village is made of local high-quality and long-staple cotton through 72 steps including ginning, fluffing, spinning, threading, dyeing, tying, weaving and shrinking. It's all manual without any machinery or power, so it is eco-friendly and pollution-free. The raw material is of high quality, and the process is exquisite. The product features sweat-absorption, resistance against crease, crimping, rolled edges, fading, and static electricity, besides anti-radiation.

In 2007, inheritor Cui Xueqin led more than 60 rural middle-aged women to set up the first women's professional cooperative, Zanhuang Yuancun Local

Cloth Cooperative in Hebei province. In 2008, Xueqin Cotton Product Development Limited Company was established, engaging in hand-made local cloth by decentralized operation, for industrial development. Xueqin Cotton Product Development Limited Company has been operated through "company + cooperative + cultural industry park + base + farmers". They have set up a poverty alleviation industrial park, a museum, and an exhibition hall of agricultural product processing with their special features. In addition, five intangible heritage workshops have been established. There are two brands, "Yuancun" and "Taihang Yuancun", and over 300 varieties of products including bedding, clothing on sale through a network covering big or medium-sized cities nationwide. What is more, an overseas trading is on the way.

5

Zhengding *Gaozhao*

Zhengding *gaozhao*, as a folk acrobatic and festival activity, is practised in Zhengding county, Shijiazhuang city, and in particular, in Xinchengpu (or Fuchengyi) village.

Gaozhao, also known as *zhongfan*, has a history of over 100 years. It is said that in ancient China, emperors had a grand guard of honor with flags when traveling. In spare times, those who bore flags would play with them, and eventually became quite skilled. Later, they left the Forbidden City for Zhengding county and passed the skill to local villagers. Thereafter, Zhengding *gaozhao* has been popular in festival celebrations and other spare time activities.

Gaozhao, as a popular activity in festival celebrations in Zhengding county, has obviously regional features. Through a practice of over 100 years, it has formed its own characteristics, with skillful maneuvers, stability, speed, strength and careful coordination. Thus, it boasts strong artistic values and recreational functions.

As the sixth generation inheritor of Zhengding *gaozhao*, Guo Jianbing is proficient in all skillful maneuvers of Zhengding *gaozhao*. Guo's persistence and earnest practice has enabled him to be a living example of a performer, thus making an active contribution to its inheritance.

· 6 ·

Gengcun Folk Story

Gengcun village came into existence in the early Ming dynasty and is now affiliated to Gaocheng district, Shijiazhuang city. Gengcun village has been a prosperous place for trade and commerce since ancient times, not only bringing prosperity, but also gathering stories and ballads from far and near. As a symbol of Gengcun folk culture, telling and listening to stories have become an integral and indispensable part here.

Gengcun folk stories include myths, heroic legends and contemporary anecdotes, which are passed down by word of mouth and compiled into 20 volumes with over 70 million words. They are *A Collection of Gengcun Folk Stories, Panorama of Gengcun Folk Culture*, and *One Thousand and One Nights of Gengcun Village.*

Gengcun village is famous for its folk storytellers and the concentrated discovery of folk oral literature, so it is named the First Village of Chinese Stories. The exploration and researches of Gengcun folktales are called Gengcun cultural project, which has gradually become a cultural icon. The folk stories of Gengcun village cover such areas as sociology, ethics, history, religion, philosophy and literature, thus enjoying high academic values.

· 7 ·

Wuji Paper-cutting

Wuji paper-cutting art has a long history. Since time immemorial, Wuji county has preserved customs of paper lantern cutting, coloured paper hanging, new year periapt making and window decoration pasting. Wuji paper-cutting has started to be popular by late Ming and early Qing dynasties. In the archives of Wuji paper-cutting, the earliest work is *Katydid and Cabbage* by a famous master, Li Rongjie (1854 — 1926).

Owing to a historical development and accumulation and under the influence of the new-year paintings of Shanxi and Yangliuqing, Wuji paper-cutting has inherited its traditional beautiful artistic modeling and profound meanings, and has developed a distinctive style of rich themes, diversified forms, simple, generous, pure and perfect artistic expressions. Most of the Wuji paper-cutting works are depictions of pictures, flowers, birds, fish, insects and animals, zodiac, myths and legends, varied characters, vegetables, fruits and lively stuffs, which are just fascinating.

· 8 ·

Changshan War Drum

Changshan war drum, an example of folk art performances in Zhengding county, boasts a long history and a well-established reputation. According to records in *Zhengding Annals*, it took shape as early as in the Warring States Period and became popular in Ming dynasty. Zhengding is also named Changshan because it used to be the seat of Changshan county in history.

The folk performance of Changshan war drum is composed of such folk percussion instruments as gongs, drums with large, medium and small cymbals. Each team ranges in number from tens to hundreds of players, playing different sets, types and tunes of traditional Chinese folk percussion instruments and musical forms totaling 9 chapters with 72 sections. In addition, there is also a dance performance to complement the drumming to create an overwhelming scene with cadence.

Changshan war drum is an intangible cultural heritage of the drumming performance in Zhengding county. The performance, known as the most vigorous play for its peculiar charm, has won the championship for many times in North China drumming contests.

· 9 ·

Shijiazhuang *Sixian* Opera

Shijiazhuang *sixian* is a very popular opera in Hebei province, and rare in China. *Sixian* opera has originated in Ming dynasty and developed a distinct genre. Combined with local customs and cultural connotations of Shanxi, Hebei and Henan provinces, it is divided into five sub-genres, known by their geographical spread, as east, west, south, north and middle. Shijiazhuang *sixian* belongs to the middle category and has become the most influential.

Sixian opera is also called *xiansuo*, *xianzi* and *luoluo* tunes that are said to be gradually developed on the basis of *xiaoling* of Yuan mixed with other popular tunes of Ming and Qing dynasties. Shijiazhuang *sixian* opera starts with natural vocal style, with numerous set tunes. The unique features include an uninterrupted back-and-forth changing of natural and falsetto voices, with the latter suddenly rising to a very high register. After

the second falsetto, the melodic line progressively descends. The moods are extreme, and emotions are intense with artistic charm.

Shijiazhuang *sixian* opera troupe is the only professional troupe of its type, and national intangible cultural heritage. It is a unit of Shijiazhuang *sixian* under protection, and provincial level demonstration base for intangible heritage. The best known plays of *sixian* opera include *The Empty Seal Box, The White Gauze Robe, Dreaming of Her Future Husband, Chasing Away the Son-in-law* and *The Hatred of the Newly Married*. Premier Zhou Enlai used to watch the performances five times, meet with the performers four times, take pictures twice and write an inscription to encourage all comrades.

· 10 ·

Jingxing *Lahua* Performance

Jingxing *lahua* falls into the category of the northern *yangge*, and boasts a long history. It was first included in the list of national intangible cultural heritages in 2006.

Jingxing *lahua*, one of the best folk dances in China, originated in Song and Yuan dynasties, prevailed through Ming and Qing dynasties and spread in various schools in Jingxing county, with those of Dongnanzheng, Zhuangwang and Nangudi standing out.

In the category of *yangge* as it is, Jingxing *lahua* has its own distinctive artistic features in turning of shoulders, arms, wrists, legs and feet, that reflect strength and softness, as well as wildness and reservedness.

The peculiar music of *lahua* performance combines Hebei folk music of wind instruments mixed with folk tunes, temple and court music. The strong rhythm goes with the dynamic dance to create an overwhelming scene.

In 1996, Jingxing county was named by the Ministry of Culture as the Home of Chinese Folk Culture and Arts (or Home of *Lahua*). It has been consecutively awarded with the national honor.

第三部分

法文版

· 1 ·

Hualian Shehuo du village de Taolinping

Hualian Shehuo (le visage peint et le feu dans la commune) du village de Taolinping se tient le quinzième jour du premier mois du calendrier lunaire dans le village de Taolinping au canton de Xiaozuo du comté de Jingxing. Il s'agit d'une activité folklorique concernant le sacrifice au dieu, le divertissement et la prière de bénédiction. Le caractère chinois, *She*, signifiait le Dieu de la terre dans la Chine ancienne, et a ensuite évolué pour une unité de division administrative, c'est-à-dire six lis (soit un rayon de trois kilomètres) pour une commune. Avec une commune comme unité, les peuples chantent en frappant l'arme et dansent autour du feu, d'où l'appellation *Shehuo* (le feu dans la commune).

Il y a plus de 600 ans, une bataille acharnée s'est déroulée à Qiushuliang

au sud du village de Taolinping. Des centaines de soldats se sont engagés dans une bataille sanglante dans le but de protéger le village et ont fini par vaincre les envahisseurs. Plus tard, les peuples locaux ont organisé une équipe de *Hualian Shehuo* afin de commémorer cette bataille. *Hualian Shehuo* de Taolinping possède des caractéristiques distinctives. Comme l'acteur de l'opéra en costume ancien, chaque acteur porte le visage peint et le costume de l'opéra. Avec de vraies épées et lances, ils donnent la représentation et reproduisent le style de combat des personnages historiques.

Hualian Shehuo de Taolinping a été transmis de génération en génération et s'est propagé sans interruption. Surtout après la réforme et l'ouverture, une nouvelle vague de transmettre *Shehuo* a été déclenchée sous la direction attentive des anciens artistes. L'équipe a participé à plusieurs reprises à la représentation au festival d'art populaire du comté de Jingxing et a remporté des prix.

· 2 ·

Sculpture sur bois de Jingxing

La sculpture sur bois de Jingxing a débuté sous la dynastie des Tang et s'est transmise de manière familiale jusqu'à ce jour. Xu Jinkao et Xu Hongyang sont actuellement les héritiers du métier.

La sculpture sur bois de Jingxing est ancrée dans l'héritage de la technique sculpturale et vise à promouvoir la culture nationale. Les quatre types de sculptures sont les reliefs hauts, écrasés, bas et en creux. La sculpture sur bois est originaire de décorations sur des endroits tels que les poutres ou les corbeaux d'un bâtiment, puis s'est transformée en décorations sur des meubles. Les descendants de la famille Xu adhèrent toujours à leur devise de chef-d'œuvre d'art avec une modélisation concise, un couteau habile, des lignes lisses et nettes de caractéristiques technologiques. Grâce à une exploration et une pratique constantes, les œuvres de sculpture sur

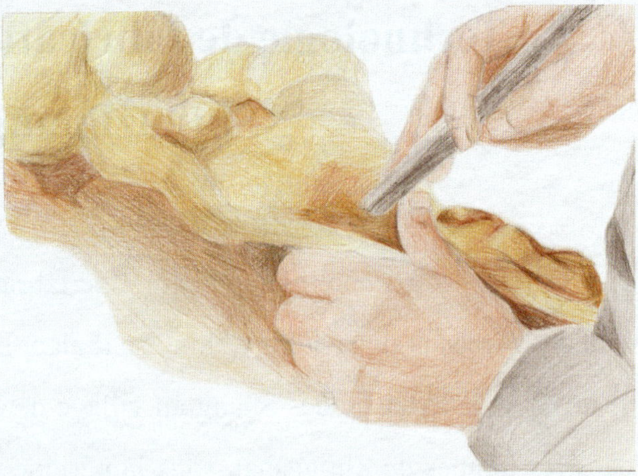

bois sont devenues plus distinctes et ont formé les caractéristiques uniques de la sculpture sur bois de Jingxing.

À l'heure actuelle, la sculpture sur bois de Jingxing combine la culture traditionnelle avec les besoins modernes en héritant de l'art ancien. On a conçu une série de produits dérivés et de décorations domestiques d'art moderne, qui font rayonner les œuvres de sculpture simples, anciennes, lourdes et épaisses d'un glamour de la nouvelle ère.

En avril 2021, Xu Hongyang, l'héritier de la sculpture sur bois de Jingxing, a établi sa galerie d'art sur bois près du centre commercial Beiguo, dans le centre de Shijiazhuang. Elle est ouverte gratuitement au public pour une large diffusion du bel artisanat de la sculpture sur bois.

· 3 ·

Technologie de fabrication d'alcool à Shijiazhuang

Shijiazhuang a une longue histoire de fabrication d'alcool, connu comme l'un des berceaux de la culture chinoise d'alcool. Les levures trouvées dans les vestiges de la dynastie des Shang au village de Taixi et les bouteilles d'alcool dans les tombes de Zhongshan sous la période des Royaumes Combattants à Pingshan ainsi que d'autres reliques culturelles et documents historiques le prouvent. Depuis les dynasties des Qin et des Han, Shijiazhuang est à l'avant-garde de la fabrication et la culture de la boisson, la distillation d'alcool chinois. Shijiazhuang possède une histoire de fabrication de 1, 000 ans d'alcool distillé solide.

L'alcool de Shijiazhuang est produit à partir de sorgho local de qualité par fermentation et à température moyenne avec du blé et un mélange solide. Pendant ce temps, la fermentation se poursuit dans la cave et cinq distillations sont effectuées à basse température, puis il est produit et classé séparément pour être stocké et soigneusement mélangé dans la poterie. Au fil des ans, la technologie a été transmise de génération en génération, de maître en apprenti par des mots. Malgré l'innovation constante, la technologie moderne ne peut pas la remplacer. La technologie de fabrication d'alcool de Shijiazhuang a remporté de nombreux prix et honneurs pour son style unique.

· 4 ·

Fabrication artisanale de homespun original du comté de Zanhuang

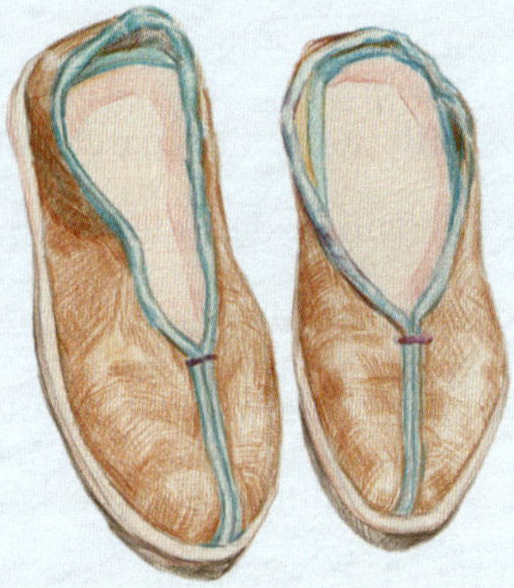

La fabrication artisanale de homespun original du comté de Zanhuang, est une technologie traditionnelle de fabrication de tissu de coton à l'aide de rouets, de métiers à tisser et d'autres outils de tissage. Il s'est développé progressivement à partir d'un petit atelier du village de Koutou, dans le comté de Zanhuang. Le homespun original du comté de Zanhuang est fabriqué à partir d'un coton local de haute qualité et à longue fibre, en 72 procédures : égrenage, épluchage, filage, enfilage, teinture, ficelage, tissage et rétrécissement, etc. Tout est fait à la main, sans machine ni électricité, ce qui est écologique et non polluant. La matière première est de haute qualité et le processus est exquis. Le produit se caractérise par l'absorption de la sueur, la perméabilité à l'air, la résistance aux plis, aux ondulations, aux bords roulés, à la décoloration, aux allergies, à l'électricité statique et aux radiations.

En 2007, l'héritière, Cui Xueqin, a conduit plus de 60 femmes rurales d'âge moyen et plus âgées à créer la première coopérative professionnelle de femmes de la province du Hebei, la coopérative de homespun original du comté de Zanhuang. En 2008, la Société de Développement de Produits en Coton Xueqin a été créée. Cela a conduit à l'industrialisation de la fabrication du homespun qui avait été fait par une opération familiale décentralisée. La Société Xueqin fonctionne selon le mode « entreprise + coopérative + parc d'industrie culturelle + base + agriculteurs ». Elle a créé un parc industriel d'aide aux déshérités, un musée et un hall d'exposition de la transformation des produits agricoles avec leurs caractéristiques particulières. En outre, cinq ateliers du patrimoine immatériel ont été établis. Il existe deux marques : « Yuancun » et « Taihang Yuancun ». Plus de 300 produits tels que la literie et des vêtements sont en vente par l'intermédiaire d'un réseau couvrant les grandes villes et les villes de taille moyenne du pays. De plus, elle établit des échanges commerciaux avec des pays étrangers.

· 5 ·

Gaozhao de Zhengding

Gaozhao de Zhengding, en tant qu'activité acrobatique et festivalière populaire, est pratiqué à Zhengding, dans la ville de Shijiazhuang, en particulier dans le village de Xinchengpu (ou Fuchengyi).

Gaozhao, aussi connu sous le nom de *Zhongfan*, a une histoire de plus de 100 ans avant la République de Chine. On raconte que dans la Chine ancienne, les empereurs avaient une grande garde d'honneur avec des drapeaux lorsqu'ils voyageaient. En temps libre, ceux qui portaient des drapeaux jouaient avec eux et ont fini par devenir très habiles. Plus tard, ils ont quitté la Cité interdite pour le comté de Zhengding et ont transmis leur savoir-faire aux villageois locaux. Par la suite, *Gaozhao* de Zhengding a été populaire lors des célébrations de festivals et d'autres activités de loisirs.

Gaozhao, en tant qu'activité représentative importante lors des fêtes

du comté de Zhengding, présente des caractéristiques régionales évidentes. Grâce à une pratique de plus de 100 ans, ses propres caractéristiques ont été formées avec des manœuvres habiles, de la stabilité, de la précision, de la vitesse et une coordination minutieuse œil-main. Ainsi, *Gaozhao* possède de fortes valeurs artistiques et esthétiques.

En tant qu'héritier de la sixième génération de *Gaozhao*, Guo Jianbing maîtrise toutes les manœuvres habiles de *Gaozhao*. La persistance et la pratique sérieuse de Guo ont permis de réaliser la transmission vivante de cette activité et de contribuer ainsi activement à son héritage et à son développement.

· 6 ·

Contes folkloriques de Gengcun

Le village de Gengcun existait au début de la dynastie des Ming et est maintenant affilié au district de Gaocheng de la ville de Shijiazhuang. Le village de Gengcun était un lieu prospère pour le commerce et les affaires depuis l'antiquité. Cela a apporté non seulement la prospérité au commerce, mais aussi les histoires et les ballades de loin et de près. Raconter et écouter les histoires sont devenus ici une partie intégrante et indispensable et le symbole de la culture folklorique de Gengcun.

Les contes folkloriques de Gengcun comprennent les mythes, les légendes héroïques, les anecdotes contemporaines, qui sont transmis de bouche à l'oreille et compilés en 20 livres avec plus de 70 millions de mots au total, tels que *Recueil des histoires folkloriques de Gengcun*, *Panorama de la culture folklorique de Gengcun* et *Mille et une nuits de Gengcun*.

Le village de Gengcun est célèbre pour le groupe de ses conteurs populaires et la découverte concentrée de la littérature orale folklorique et il est donc nommé « le premier village d'histoire chinoise ». L'exploitation et la recherche sur les contes folkloriques de Gengcun sont appelées « le projet culturel de Gengcun », lequel est progressivement devenu une icône culturelle. Les contes folkloriques de Gengcun touchent la sociologie, l'éthique, l'histoire, la religion, la philosophie, la littérature et elles ont une valeur académique élevée.

· 7 ·

Papier découpé de Wuji

L'art du papier découpé de Wuji a une longue histoire. Depuis des temps immémoriaux, le comté de Wuji a longtemps préservé les coutumes de la coupe de lanternes en papier, de la suspension de papiers de couleur, de la fabrication d'amulette du Nouvel An et du collage de papiers découpés aux fenêtres. Le papier découpé de Wuji a commencé à être populaire à la fin des dynasties des Ming et au début de la dynastie des Qing. Dans les archives du papier découpé de Wuji, l'œuvre la plus ancienne est *La sauterelle et le chou chinois* d'un maître célèbre, Li Rongjie (1854 —1926).

Sur la base d'un développement et d'une accumulation historiques, le papier découpé de Wuji a hérité de sa belle modélisation artistique traditionnelle et de ses significations profondes, a développé un style distinctif avec des thèmes riches, des formes diversifiées et une expression artistique simple, généreuse, pure et parfaite sous l'influence des estampes du Nouvel An du Shanxi et du village de Yangliuqing. La plupart des œuvres du papier découpé de Wuji sont des représentations d'images, de fleurs, d'oiseaux, de poissons, d'insectes et d'animaux, du zodiaque, de mythes et de légendes, de personnages variés, de légumes, de fruits et d'objets vivants, qui sont très appréciés des gens.

· 8 ·

Tambour de guerre de Changshan

Le tambour de guerre de Changshan est un art populaire très représentatif dans le comté de Zhengding. Il possède une longue histoire et bénéficie d'une bonne réputation depuis longtemps. Selon les annales du comté de Zhengding, la première forme de tambour apparut sous la période des Royaumes Combattants. Il fut développé à de nouveaux sommets de perfection et était populaire pendant la période des Ming. Dans l'antiquité, Zhengding était appelé Changshan. Les tambours avaient une utilisation martiale. Ils étaient joués sur les champs de bataille. C'est pourquoi on l'appelait le tambour de guerre de Changshan.

La performance folklorique du tambour de guerre de Changshan est composée d'instruments de percussion folkloriques tels que des tambours, de grandes cymbales, des cymbales moyennes et de petites cymbales. La performance de tambour se pratique en groupe. L'équipe de représentation de tambour est formée de dizaines à centaines de percussionnistes. Il existe diverses formes de performance. Les noms de l'air sont aussi très variés. Le vaste répertoire de partition et d'air se compose de 9 chapitres et 72 pièces. La plupart d'entre eux sont combinés par des pièces indépendantes de gong et de tambour. Au cours d'une performance merveilleuse et majestueuse, les batteurs s'accompagnent, se complètent ou jouent à l'unisson. A travers les rythmes variés, dynamiques avec plein de puissance, il touche directement l'âme. Le tambour de Changshan est un art de musique souvent accompagné de danses et de mouvements chorégraphiés et ils se fusionnent parfaitement.

Le tambour de guerre de Changshan est un patrimoine culturel immatériel du comté de Zhengding dans les cultures de danse et de tambour. Il est connu comme « la performance la plus magnifique et imposante » et il a remporté plusieurs fois le premier prix à la compétition d'exposition de tambour du nord de la Chine.

· 9 ·

Opéra *Sixian* de Shijiazhuang

Sixian, né dans la ville de Shijiazhuang, est l'un des anciens genres d'opéra de la province du Hebei et c'est aussi un genre d'opéra vocal rare et typique à Shijiazhuang. Ce genre d'opéra est né sous la dynastie des Ming. Au cours du long processus de développement, il a pris Shijiazhuang comme centre et a intégré les coutumes et les connotations culturelles du Shanxi, du Hebei et du Henan. Il est divisé en cinq sous-genres : *l'est, l'ouest, le sud, le nord et le centre*. Parmi eux, *Sixian* de Shijiazhuang (qui appartient à la catégorie *du centre*) a la plus grande influence et la zone la plus large.

Sixian, également connu sous les noms de voix chantante de cordes, cavités de cordes et voix chantante *Luoluo*, aurait été formé sur la base de chansons folkloriques *Yuanren Xiaoling* et *Ming-Qing*. *Sixian* de Shijiazhuang est interprété d'abord à la voix naturelle. La mélodie saute de bas en haut, puis on traîne la voix avec du falsetto, la mélodie descend progressivement, parfois agitée, mélodieuse et généreuse, parfois comme les vagues en colère qui tournent et s'écoulent brusquement. Cette méthode de chant aigu de la voix de la queue est une caractéristique unique de *Sixian* et possède un charme artistique unique.

La troupe de cet opéra *Sixian* est la seule troupe professionnelle de l'opéra *Sixian*. C'est un projet national représentatif du patrimoine culturel immatériel — l'unité de protection du projet de *Sixian* et une base provinciale de démonstration du patrimoine immatériel. Les pièces représentatives de *Sixian* incluent *la boîte à sceau vide, la robe de gaze blanche, le rêve de Mlle Wang sur son futur mari, poursuivre le gendre* et *la haine d'une femme fidèle à l'amour*. Le premier ministre Zhou Enlai a regardé les spectacles de la troupe cinq fois, reçu cordialement les acteurs quatre fois, pris des photos avec les membres de ce groupe deux fois et écrit une inscription pour encourager tous les camarades.

· 10 ·

Performance de *Lahua* de Jingxing

Lahua de Jingxing ayant une longue histoire appartient à la danse de *Yangge* du Nord (une sorte de danse). En 2006, *Lahua* de Jingxing s'est classé parmi les premiers lauréats sur la liste du Patrimoine culturel immatériel national.

Lahua de Jingxing remonte aux dynasties des Song et Yuan et s'est épanoui à l'époque des Ming et Qing et puis il s'est formé et répandu dans le comté de Jingxing. *Lahua* de Jingxing est l'une des danses folkloriques excellentes du pays. Il existe de nombreux d'écoles à Jingxing dont les plus représentatives sont celles de Dongnanzheng, Zhuangwang et Nangudi.

Bien que *Lahua* de Jingxing appartienne à la danse *Yangge*, cet art possède ses propres caractéristiques artistiques. Les mots principaux de *Lahua* de Jingxing se caractérise par des vocabulaires d'action comme : « secouer les épaules », « tourner les poignets », « serrer les jambes » et « lancer les pieds », etc., qui forment spécialement son style artistique souple-rigide et subtil-ouvert à la fois.

La musique de *Lahua* de Jingxing est une sorte de musique indépendante. C'est un genre de musique possédant non seulement le charme des chansons du Hebei, mais aussi le ton des chansons populaires et des chansons d'opéra. La musique de *Lahua* de Jingxing possède également les caractéristiques de la musique de temple et celle de cour. Elle est solennelle et élégante, claire et agréable, profonde et géniale, vigoureuse et subtile. Ces spécialités musicales et le style tranquille, voilé, ferme et généreux de la danse s'inscrivent dans une parfaite harmonie.

En 1996, le comté de Jingxing a été nommé le pays de *Lahua* par le ministère de la Culture. A partir de cette année-là, ce comté a gagné cet honneur national plusieurs fois de suite.

第四部分

西班牙文版

· 1 ·

Hualian Shehuo en la villa de Taolinping

La tradicional representación de *Hualian* (o cara pintada) *Shehuo* se celebra el día 15 del primer mes lunar en la villa de Taolinping, pueblo de Xiaozuo, condado de Jingxing, como actividad folklórica de sacrificio, recreación o bendición. El carácter chino, *She*, el Dios de la tierra, ha evolucionado gradualmente hasta convertirse en una unidad de región dentro de una comuna de tres kilómetros. En una comuna, la gente canta y baila alrededor de la hoguera con las armas en la mano. Así, el *Shehuo* ha entrado en uso.

Hace más de 600 años, hubo una feroz lucha en Qiushuliang, al sur de la villa de Taolinping. Cientos de soldados libraron una sangrienta batalla para defender su hogar y finalmente derrotaron a los invasores. Más tarde, se formó un equipo de *Hualian Shehuo* para conmemorar la batalla. La actuación de *Hualian Shehuo* en la villa de Taolinping posee características distintivas. Con trajes y la cara pintada como un actor, cada miembro actúa sosteniendo una espada y una lanza reales. Es una reproducción del modelado de combate de las figuras históricas.

El *Hualian Shehuo* en la villa de Taolinping se transmite así de generación en generación. En particular, desde la Reforma y la Apertura, una nueva ronda de herencias ha florecido con la cuidadosa instrucción de los magistrales artistas. Eso permite que las representaciones de *Shehuo* se hayan ganado innumerables premios en los festivales de arte popular del condado de Jingxing.

· 2 ·

Talla en madera del condado de Jingxing

La talla en madera de Jingxing comenzó en la dinastía Tang y fue heredada por una familia. Xu Jinkao y Xu Hongyang son los herederos actuales.

La talla en madera de Jingxing tiene sus raíces en la herencia del relieve de la escultura tradicional y su objetivo es la promoción de la cultura nacional. Los cuatro tipos incluyen altorrelieve, mediorrelieve, bajorrelieve y huecorrelieve. Se derivó originalmente de las decoraciones en lugares como las vigas o las ménsulas de un edificio y luego se convirtió en decoraciones de los muebles. Los descendientes de la familia Xu siempre se adhieren a su lema de obra maestra de arte con modelado conciso, cuchillo hábil, líneas suaves y nítidas de características tecnológicas. A través de la exploración y la práctica constantes, las obras de talla en madera se han vuelto más distintas y han formado las características únicas de la talla en madera de Jingxing.

En la actualidad, la talla en madera de Jingxing, ha heredado el arte antiguo y combinado la cultura tradicional con las necesidades modernas, ha diseñado una serie de derivados y decoraciones de arte moderno para el hogar, que hacen que las obras de talla antigua irradien un glamour de la nueva era.

En abril de 2021, Xu Hongyang, el heredero de la talla en madera de Jingxing, estableció su galería de arte de la talla en madera en el centro de Shijiazhuang, cerca del centro comercial de Beiguo. Está abierta al público de forma gratuita para obtener una amplia difusión de esta hermosa artesanía.

· 3 ·

Tecnología de elaboración de licor de Shijiazhuang

Shijiazhuang tiene una larga historia en la elaboración de licores y es conocida como una de las cunas de la cultura del licor en China. Lo demuestran la levadura desenterrada de las tumbas de la dinastía Shang en la villa de Taixi y las botellas de licor de las tumbas del reino de Zhongshan en el Periodo de los Reinos Combatientes en el condado de Pingshan, en Shijiazhuang, junto con otras reliquias y textos históricos. Desde las dinastías Qin y Han, Shijiazhuang ha estado a la vanguardia de la elaboración de licores, la cultura de la bebida y la destilación en China. El licor de Shijiazhuang

cuenta con una historia de 1000 años en la elaboración de licores destilados en estado sólido.

El licor de Shijiazhuang se elabora con sorgo de alta calidad en el área de la montaña Taihang como materia prima y se usa *Daqu*, producto de trigo de alta calidad, como el fermento y mezclas en estado sólido añadidas con temperaturas de incubación altas y medias. Mientras tanto, la fermentación continuada se mantiene en bodegas de tierra y se realizan cinco destilaciones a baja temperatura, antes de que los licores se produzcan por separado y se clasifiquen para su almacenamiento, y cuidadosa mezcla en jarras de cerámica. A lo largo de los años, la tecnología se ha transmitido oralmente de generación en generación entre maestro y discípulo. A pesar de la constante innovación, no puede ser sustituida por la tecnología moderna. La tecnología de elaboración del licor de Shijiazhuang ha ganado muchos premios y honores por su estilo especial.

· 4 ·

Artesanía de telas hechas a mano en la villa de Yuancun del condado de Zanhuang

La artesanía de telas hechas a mano en la villa de Yuancun del condado de Zanhuang es una tecnología tradicional de fabricación de telas de algodón mediante ruecas, telares y otras herramientas del tejido. Se ha desarrollado gradualmente a partir de un pequeño taller en la villa de Koutou del condado de Zanhuang.

La tela hecha a mano en la villa de Yuancun se fabrica con algodón local de alta calidad y de fibra larga, a través de 72 procesos que incluyen el moleteado, el esponjado, el hilado, el enhebrado, el teñido, el atado, el tejido, el encogido, etc. Todo es manual, por lo que es ecológico y no contaminante. Con materia prima de alta calidad y proceso exquisito, el producto se caracteriza por la absorción del sudor,

la resistencia a las arrugas, el rizado, los bordes enrollados, la decoloración y la electricidad estática, además de la anti-radiación.

En 2007, la heredera, Cui Xueqin, dirigió a más de 60 mujeres rurales de mediana y tercera edad para establecer la primera cooperativa profesional de mujeres de la provincia de Hebei: la Cooperativa Profesional Local de Telas de la Villa de Yuancun, abrió el camino al espíritu empresarial. En 2008, se creó la Co., Ltd. de Desarrollo de Productos de Algodón de Xueqin del condado de Zanhuang, que se dedica a la fabricación de telas locales a mano mediante una operación descentralizada para el desarrollo de la industrialización. La Co., Ltd. de Desarrollo de Productos de Algodón de Xueqin ha sido operada a través de "empresa + cooperativa + parque de la industria cultural + base + agricultores". Han creado un parque industrial de alivio a la pobreza, un museo y una sala de exposiciones de procesamiento de productos agrícolas con sus características especiales. Además, se han establecido cinco talleres de empleo del patrimonio cultural intangible. Tienen dos marcas, "Yuancun" y "Taihang Yuancun", y 300 productos, entre ellos ropa de cama, vestimenta, a la venta mediante una red que abarca ciudades grandes o medianas de todo el país. Además, se han establecido relaciones comerciales con el extranjero.

5

Gaozhao en el condado de Zhengding

El *Gaozhao* de Zhengding, como acrobacia y arte festivo folklórico, se practica en el condado de Zhengding de la ciudad de Shijiazhuang, en particular, en la villa de Xinchengpu (o Fuchengyi).

El *Gaozhao*, conocido como *Zhongfan*, tiene una historia de más de 100 años desde antes de la República de China. Se dice que, en la antigua China, los emperadores tenían una gran guardia de honor, entre la cual las banderas eran indispensables. En los tiempos libres, los que llevaban las banderas jugaban con ellas y llegaron a ser muy hábiles. Más tarde, salieron de la Ciudad Prohibida para dirigirse al condado de Zhengding y transmitieron su habilidad a los aldeanos locales, y se convirtió en una habilidad de malabarismo durante los

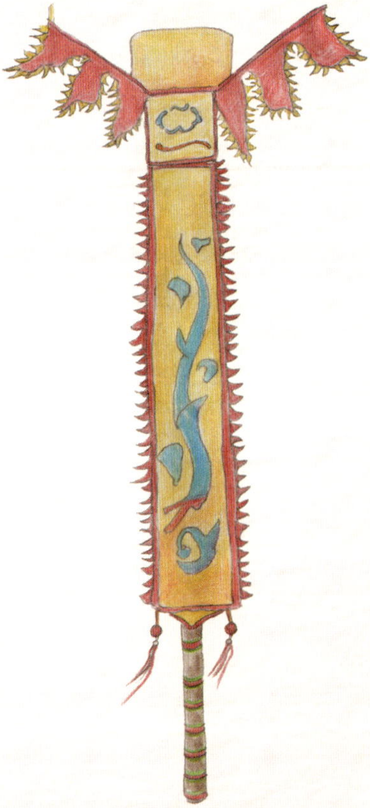

tiempos libres y ferias de templo. Desde entonces, el malabarismo de *Gaozhao* ha sido popular en Zhengding y se ha ido transmitiendo hasta hoy.

El *Gaozhao*, como actividad popular en las celebraciones de festivales en el condado de Zhengding, tiene obviamente características regionales. A través de una práctica de más de 100 años se han formado sus propios estilos, con hábiles maniobras, estabilidad, velocidad, fuerza y cuidadosa coordinación. Por ello, cuenta con altos valores artísticos y funciones recreativas.

Como heredero de la sexta generación de *Gaozhao* de Zhengding, Guo Jianbing domina todas las maniobras. La innovación y la mejora continua le han permitido ser un ejemplo vivo de representación y ha contribuido activamente a su herencia y desarrollo.

· 6 ·

Historia folklórica de Gengcun

La villa de Gengcun surgió a principios de la dinastía Ming y actualmente pertenece al distrito de Gaocheng, en la ciudad de Shijiazhuang. La villa de Gengcun ha sido un lugar próspero en el comercio desde la antigüedad, no sólo aportando prosperidad, sino también reuniendo historias y baladas de lejos y de cerca. Como símbolo de la cultura popular de Gengcun, contar y escuchar historias se ha convertido aquí en una parte integral e indispensable.

Las historias folklóricas de Gengcun incluyen mitos, leyendas heroicas y anécdotas contemporáneas, que se transmiten de boca en boca y se recopilan en 20 libros con más de 70 millones de palabras. Se trata de *Una colección de cuentos populares de Gengcun, Panorama de la cultura popular de Gengcun* y *Las mil y una noches de Gengcun.*

La villa de Gengcun es famosa por sus narradores folklóricos y el descubrimiento concentrado de la literatura oral folklórica, por lo que recibe el nombre de "la primera villa de los cuentos chinos". La exploración e investigación de los cuentos populares de Gengcun se denomina "Proyecto cultural de Gengcun", que se ha convertido gradualmente en un icono cultural. Los cuentos populares de la villa de Gengcun tratan de la sociología, la ética, la historia, la religión, la filosofía y la literatura, y tienen un alto valor académico.

· 7 ·

Papel recortado de Wuji

El arte del papel recortado de Wuji tiene una larga historia. Desde tiempos inmemoriales, el condado de Wuji ha conservado las costumbres de recortar linternas de papel, colgar papel de colores, hacer periplos de Año Nuevo y pegar papeles recortados en las ventanas. El papel recortado de Wuji empezó a ser popular a finales de la dinastía Ming y principios de la Qing. En los archivos del papel recortado Wuji, la obra más antigua es *Saltamontes y repollo*, de una famosa maestra, Li Rongjie (1854 — 1926).

Debido a un desarrollo y acumulación históricos y bajo la influencia de las pinturas de Año Nuevo de Shanxi y Yangliuqing, el papel recortado de Wuji heredó su bello modelado artístico tradicional y sus profundos significados, y ha desarrollado un estilo distintivo de temática rica, forma diversificada y expresión artística sencilla, generosa, pura y perfecta. La mayoría de las obras del papel recortado de Wuji son representaciones de imágenes, flores, pájaros, peces, insectos, animales extraordinarios, el zodiaco, mitos y leyendas, personajes variados, verduras, frutas y cosas animadas, que son siempre fascinantes.

8

Tambor de guerra de Changshan

El tambor de guerra de Changshan, como ejemplo de las representaciones artísticas folklóricas del condado de Zhengding, cuenta con una larga historia y una reputación bien establecida. Según los registros de *Los anales de Zhengding*, tuvo su forma originaria ya en el Periodo de los Reinos Combatientes y se hizo popular en la dinastía Ming. Zhengding también recibe el nombre de Changshan porque en la historia fue la sede del condado de Changshan.

El espectáculo folklórico del tambor de guerra de Changshan se compone de instrumentos de percusión folklóricos como gongs, tambores con címbalos grandes, medianos y pequeños. Cada equipo está formado por decenas o centenares de músicos, que tocan diferentes conjuntos, tipos y ritmos de instrumentos de percusión tradicionales chinos y formas musicales que suman un total de 9 capítulos con 72 secciones. Además, también hay un espectáculo de danza que complementa la percusión para crear una escena sobrecogedora con cadencia.

El tambor de guerra de Changshan es un patrimonio cultural inmaterial de la representación de tambores en el condado de Zhengding. La actuación, conocida como la más vigorosa por su peculiar encanto, ha ganado muchas veces el campeonato en los concursos de percusión del norte de China.

· 9 ·

Ópera *Sixian* de Shijiazhuang

La ópera *Sixian* de Shijiazhuang es una ópera única en la provincia de Hebei y rara en China. Se originó en la dinastía Ming y ha desarrollado un género distinto. Combinada con las costumbres locales y las connotaciones culturales de las provincias de Shanxi, Hebei y Henan, se divide en cinco subgéneros, conocidos por su extensión geográfica: este, oeste, sur, norte y medio. La ópera *Sixian* de Shijiazhuang pertenece a la categoría media y se ha convertido en la más influyente.

La ópera *Sixian* también recibe los nombres de *Xiansuo*, *Xianzi* y *Luoluo*, melodías que, según se dice, se desarrollaron gradualmente sobre la base del *Xiaoling* de Yuan mezclado con otras melodías populares de las dinastías Ming y Qing. La ópera *Sixian* de Shijiazhuang comienza con un estilo vocal natural, con numerosas melodías establecidas. Las características únicas incluyen un cambio continuo de la voz natural a la de falsete, con esta última elevándose repentinamente a un registro muy agudo. Tras el segundo falsete, la línea melódica desciende progresivamente. Los estados de ánimo son extremos y las emociones intensas con encanto artístico.

La compañía de ópera *Sixian* de Shijiazhuang es la única compañía profesional de su tipo y patrimonio cultural inmaterial nacional. Es una unidad de *Sixian* de Shijiazhuang bajo protección y base de demostración a nivel provincial del patrimonio inmaterial. Las obras más conocidas de la ópera *Sixian* son *La caja vacía*, *La túnica de gasa blanca*, *Soñando con su futuro marido*, *Persiguiendo al yerno* y *El odio de los recién casados*. El ex primer ministro Zhou Enlai asistió cinco veces a las representaciones de la compañía, se reunió cuatro veces con los artistas, hizo fotos dos veces y escribió una inscripción para animar a todos los camaradas.

· 10 ·

Actuación de *Lahua* de Jingxing

Lahua de Jingxing pertenece a la categoría de *Yangge* del norte y cuenta con una larga historia. Fue uno de los primeros patrimonios culturales inmateriales nacionales en 2006.

Lahua de Jingxing, como una de las mejores danzas folklóricas de China, se originó en las dinastías Song y Yuan, prevaleció durante las dinastías Ming y Qing, se difundió en varias escuelas del condado de Jingxing y se destacaron las de Dongnanzheng, Zhuangwang y Nangudi.

En la categoría de *Yangge* tal cual, el *Lahua* de Jingxing tiene sus propios rasgos artísticos distintivos en el giro de hombros, brazos, muñecas, piernas y pies, que reflejan fuerza y suavidad, así como salvajismo y reserva.

La peculiar música de la representación de *Lahua* combina la música folklórica de Hebei de instrumentos de viento mezclados con melodías folklóricas, música de templo y de corte. El fuerte ritmo se combina con la dinámica danza para crear una escena sobrecogedora.

En 1996, el Ministerio de Cultura nombró al condado de Jingxing "Pueblo natal de la cultura y las artes folklóricas de China (el pueblo natal de *Lahua*)". Ha sido galardonada consecutivamente con el honor nacional.

第五部分

俄文版

· 1 ·

Хуалянь Шехуо Таолиньпин

Традиционное представление Хуалянь (или раскрашенное лицо) Шехуо проводится 15 числа первого лунного месяца в деревне Таолиньпин, посёлок Сяоцзуо, уезд Цзинсин, как народное жертвоприношение, развлечение и благословение. Китайский иероглиф «Ше», в древности обозначало «Тюдишэн» (бог земли), постепенно превратился в единицу региона в пределах коммуны в трёх километрах. В коммуне люди поют и танцуют вокруг костра, бивши в барабаны. Итак, Шехуо вошло в обиход.

Более 600 лет назад в Цюшуляне, к югу от деревни Таолиньпин, произошла ожесточенная битва за защиту родины. Сотни солдат вели кровопролитную битву, и в конце концов разгромили захватчиков. Позже в память об этой битве была сформирована

труппа Хуалянь. Производительность Таолиньпин Хуалянь Шехуо обладает отличными характеристиками. Одетый в костюмы и с раскрашенным лицом, как у актера, каждый участник выступает, держа в руках настоящий меч и копье. Это воспроизведение боевого моделирования исторических личностей.

Таким образом, Таолиньпин Хуалянь Шехуо передается из поколения в поколение. В частности, после реформы и открытости начался новый виток наследования Шехуо под тщательным руководством старых опытных художников. Это позволяет выступлениям Шехуо завоевывать бесчисленные награды на фестивалях народного искусства в уезде Цзинсин.

· 2 ·

Резьба по дереву Цзинсин

Резьба по дереву в Цзинсине началась в династии Тан и до сих пор унаследована по-семейному. В настоящее время Сюй Цзинькао и Сюй Хуньян являются наследниками.

Резьба по дереву в уезде Цзинсин имеет корни в наследовании искусства деревянной скульптуры, продвижении национальной культуры в качестве пульса, всегда соблюдает древние рельефы, чтобы вырезать, рельеф делится на четыре вида: глубокий, тонкий, барельефный и ажурный рельеф. Деревянные скульптуры первоначально возникли из украшения таких мест, как балки зданий или бычьи ноги, а затем превратились в украшения на мебели. Потомки семьи Сюй всегда придерживались девиза своего художественного шедевра, его простая форма, умелое лезвие, гладкие линии технических характеристик. После постоянных исследований и практики работы по резьбе по дереву стали более яркими и толстыми формируя уникальные характеристики

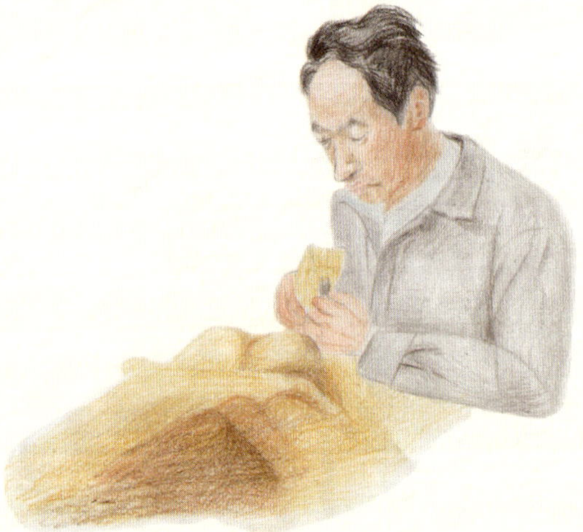

резьбы по дереву в Цзинсине.

В настоящее время резьба по дереву в Цзинсине, на основе наследования древнего искусства, уделяет внимание сочетанию традиционной культуры и современных потребностей и разрабатывает серию производных и украшений современных художников для дома, так что древние скульптуры излучают очарование новой эры.

В апреле 2021 года Сюй Хуньян, наследник резьбы по дереву в уезде Цзинсин, создал свой собственный художественный музей резьбы по дереву рядом с торговым центром «Бэйго» в центре города Шицзячжуан. Он открыт для публики бесплатно, чтобы больше людей могли узнать о традиционном ремесле резьбы по дереву и полюбить его.

· 3 ·

Технология производства китайской водки Шицзячжуан

Шицзячжуан имеет долгую историю производства китайской водки и является одним из мест зарождения спиртной культуры Китая. Это подтверждают археологические раскопки и исторические литературы, такие как обнаружение остатков спиртовых дрожжей в Тайси в городе Шицзячжуан во время династии Шан, и самая ранняя сохранившаяся физическая древняя китайская водка из гробницы короля Чжуншаня из воюющих царств в уезде Пингшан. Со времен династий Цинь и Хань технология производства китайской водки в городе Шицзячжуан, стиль питья и развитие спиртовой промышленности были на переднем крае страны. Традиционные технологии приготовления твёрдой дистиллированной китайской водки имеют долгую историю, насчитывающую уже более тысячи лет.

Технология производства китайской водки в городе Шицзячжуан основана на высококачественном сорго в горном районе Тайхан в качестве сырья, и основана на высокотемпературном Дацюй в качестве возбудителя брожения сахарообразования высококачественной пшеницы в районе Шицзячжуан. И китайская водка ферментируется смесью пшеницы и твердого вещества в условиях высокой и средней температуры. В то же время ферментация продолжается в погребах и пять раз дистиллируется при низкой температуре, после чего производится и сортируется китайская водка отдельно для хранения и тщательного смешивания в керамике. Технология производства китайской водки Шицзячжуан передавалась из поколения в поколение на протяжении многих лет из уст в уста, и она постоянно совершенствовалась и не может быть заменена современными технологиями. И она завоевала множество наград и почестей за свой типичный стиль.

· 4 ·

Мастерство ткани ручной работы Юаньцунь Заньхуан

Мастерство ткани ручной работы Юаньцунь Заньхуан — это традиционная мастерство изготовления хлопчатобумажной ткани с помощью прялок, ткацких станков и других ткацких инструментов. Она постепенно развивалась из небольшой мастерской в деревне Куотоу уезда Заньхуан. Ткань ручной работы Юаньцунь изготавливается из местного высококачественного хлопка с длинным штапелем на 72 этапах, включая отжим, взбивание, прядение, продевание нитей, крашение, завязывание, ткачество и усадку и т. д.. Всё это делается вручную, без какого-либо оборудования или энергии, и поэтому она экологична и не загрязняет окружающую среду. Сырьё отличается высоким качеством, а процесс — изысканностью. Продукт отличается впитыванием пота, стойкостью к складкам, гофрированию, закатанным краям, выцветанию и статическому электричеству, а также защитой от радиации и т. д..

В 2007 году наследница Цуй Сюэцинь привела более 60 сельских женщин среднего и пожилого возраста к созданию первого женского профессионального кооператива в провинции Хэбэй — Заньхуан Юаньцунь профессиональный кооператив ткани ручной работы. В 2008 году была создана компания ООО Заньхуан Сюэцинь по разработке хлопчатобумажных продуктов, превратила децентрализованной работы каждой семьи в промышленную. ООО Заньхуан Сюэцинь по разработке хлопчатобумажных продуктов, действуя по модели «компания + кооператив + культурный индустриальный парк + база + земледелец», построила Юаньцунь культурный индустриальный парк ткани ручной работы по борьбе с бедностью, музей Юаньцунь ткани ручной работы, зал выставки-продажи по переработке сельскохозяйственной продукции и т. д., создала рабочую станцию традиционного мастерства и 5 мастерских по трудоустройству нематериального культурного наследия в целях борьбы с бедностью. У неё два бренда Юаньцунь и Тайхан Юаньцунь, включающие в себя более 300 видов товаров, таких как постельное белье, одежда и т. д., которые продаются через сеть, и ее торговая сеть охватывает крупные и средние города по всей стране, и установляла торговые отношения с зарубежными странами.

· 5 ·

Гаоджао Чжэндин

Гаоджао Чжэндин — народное акробатическое представление в уезде Чжэндин города Шицзячжуан, одно из представлений народного фестиваля, наиболее представительной является деревня Синьчэнпу (Фучэньи).

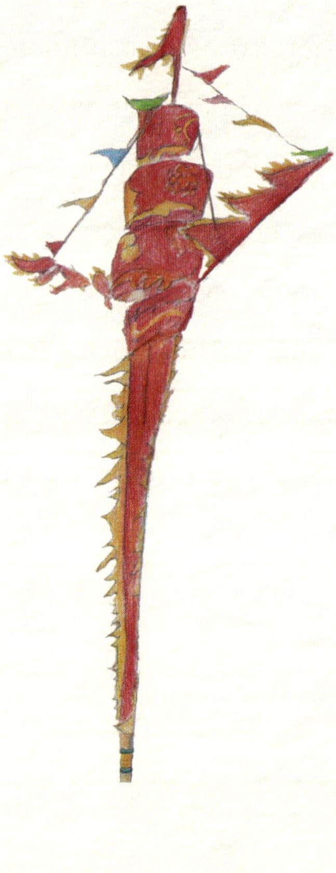

Гаочжао, также известный как Чжунфань, имеет более чем 100-летнюю историю, ещё до образования Китайской Республики. Говорят, что в древнем императоры во время путешествий имели большой почетный караул с флагами. В свободное время те, кто носил флаги, играли во флаги и в конце концов стали довольно искусными. Позже они ушли из Запретного города в уезд Чжэндин и передали это умение местным жителям. С тех пор Чжэндин Гаочжао стал популярным действием во время проведения народных фестивалей и других мероприятий.

Гаочжао, как популярное мероприятие на фестивальных торжествах в уезде Чжэндин, очевидно, имеет региональные особенности. Благодаря более чем 100-летней практике он сформировал свои собственные характеристики с умелыми маневрами, стабильностью, точностью, скоростью и тщательной координацией глаз-рука. Таким образом, он может с гордостью похвастаться сильными художественными ценностями и рекреационными функциями.

Го Цзяньбин, будучи наследником Гаочжао Чжэндин в шестом поколении, владеет всеми искусными маневрами Чжэндин Гаочжао, и благодаря постоянным инновациям и совершенствованию он осуществлял живое наследование этого представления, и внёс позитивный вклад в его наследование и развитие.

· 6 ·

Народная история Гэнцунь

Деревня Гэнцунь возникла в начале правления династии Мин и в настоящее время входит в состав района Гаочэн города Шицзячжуан. Деревня Гэнцунь с древних времен была процветающим местом для торговли и коммерции, не только принося процветание коммерции, но и собирая истории и баллады издалека и вблизи. Как символ народной культуры Гэнцунь, рассказывание и прослушивание историй стало здесь неотъемлемой и незаменимой частью.

Народные истории Гэнцунь включают мифы, героические легенды и современные анекдоты, которые передаются из уст в уста и собраны в 20 книг с более чем 70 миллионами слов. Как «Сборник народных историй Гэнцунь», «Панорама народной культуры Гэнцунь» и «Тысяча и одна ночь деревни Гэнцунь».

Деревня Гэнцунь славится своими народными сказителями и сосредоточенным открытием народной устной литературы, и поэтому её называют «первой деревней китайских историй». Исследование народных историй Гэнцунь называется «культурным проектом Гэнцунь», который постепенно стал культурной иконой. Народные истории деревни Гэнцунь охватывают такие области, как социология, этика, история, религия, философия и литература, и они имеют высокую академическую ценность.

· 7 ·

Резка бумаги Уцзи

Искусство резки бумаги Уцзи имеет долгую историю. С незапамятных времен в Уцзи издавна сохранились обычаи вырезания бумажных фонариков, развешивания цветной бумаги, изготовления новогодних украшений и наклейки бумажных узоров на окна. В конце династии Мин и начале династии Цин искусство резки бумаги Уцзи получило широкое распространение. В архивах работ, вырезанных из бумаги, в уезде Уцзи самым старым произведением является «Сверчок и капуста», престижного мастера по вырезанию из бумаги Ли Жунцзе (1854 — 1926).

В основу унаследования красивой лепки и глубокой мысли, а также влиянию новогодних картин Шаньси и Янлюцин, вырезание из бумаги Уцзи унаследовало свое традиционное красивое художественное моделирование и постепенно сформировался стиль художественного самовыражения с богатой тематикой и разнообразными формами, простой и спокойный, чистый и совершенный. Большинство вырезанных из бумаги работ Уцзи иллюстрированы и интересны. Цветы, птицы, рыбы и насекомые, редкостные птицы и диковинные животные, китайский зодиак, мифы и легенды, различные персонажи, овощи, фрукты и то, что вы видите в жизни, в мире есть все виды вещей, всё взято, всё вырезано, и очень любят люди.

· 8 ·

Боевой барабан Чаншань

Боевой барабан Чаншань, являющийся примером народного творчества в округе Чжэндин, имеет долгую историю и хорошо зарекомендует себя репутацией. Согласно записям в «Чжэндин анналах», он сформировался ещё в период воюющих государств и стал популярным при династии Мин. Чжэндин также называется Чаншань, потому что в истории он был центром округа Чаншань.

Народное исполнение боевого барабана Чаншань состоит из таких народных ударных инструментов, как барабан, барабаны с большими, средними и малыми тарелками, гонги и т. д.. Численность каждой команды варьируется от десятков до сотен игроков, играющих различные наборы, типы и мелодии традиционных китайских народных ударных инструментов и музыкальных форм, в общей сложности 9 глав с 72 разделами. Кроме того, есть также танцевальное представление, дополняющее барабанную дробь, чтобы создать ошеломляющую сцену с ритмом.

Боевой барабан Чаншань является нематериальным культурным наследием исполнения на барабанах в округе Чжэндин. Это исполнение, известное как самая энергичная пьеса от своего особого очарования, много раз выигрывало первенство на северокитайских соревнованиях по игре на барабанах.

· 9 ·

Сысянь опера Шицзячжуан

Сысянь опера Шицзячжуан является одним из древних видов театрального искусства в провинции Хэбэй, а также редким и уникальным видом оперного голосового искусства в городе Шицзячжуан и в стране. Серия сысянь оперы возникла в династии Мин, в течение длительного процесса развития, с районом Шицзячжуан в качестве центра, интегрированной в обычаи и культурную коннотацию провинций Шаньси, Хэбэй и Хэнань. Существует пять типов оперного искусства, а именно восточный, западный, южный, северный и срединный. Среди них сысянь опера в городе Шицзячжуан является срединным типом и имеет наибольшее влияние и самую обширную территорию.

Сысянь опера в городе Шицзячжуан, также известные как Сянь со, Сянь цзы и Ло ло, по слухам, эволюционировали на основе Сяолин династии Юань и народные песни династии Мин и Цин. Сысянь опера в городе Шицзячжуан сначала поет слова настоящим голосом, мелодия подпрыгивает и становится высокой, а затем использует фальцет, чтобы понизить тон, мелодия спускается шаг за шагом, иногда более мелодичная, щедрая и безудержная, иногда сердитые волны вращаются и изливаются прямо вниз. Такой метод пения высокая полость хвоста является уникальной особенностью струнных драм и обладает неповторимым художественным шармом.

Труппа сысянь оперы в городе Шицзячжуан является единственной профессиональной оперы этого типа. Это подразделение по защите проектов сысянь в городе Шицзячжуан, репрезентативного национального проекта нематериального культурного наследия и провинциальной демонстрационной базы негенетического наследования. Репертуар сысянь оперы в городе Шицзячжуан включает в себя «Пустую коробку для печати», «Белый газовый халат», «Мечтающий о будущем муже», «Изгнание зятя», «Ненависть молодоженов» и так далее. Премьер Чжоу пять раз смотрел выступление труппы, четыре раза любезно принимал актеров, дважды фотографировался и лично написал надпись, чтобы поощрить всех товарищей.

· 10 ·

Выступление Лахуа Цзинсин

Цзинсин Лахуа относится к категории северных Янгэ и имеет долгую историю. Впервые он был включен в список национального нематериального культурного наследия в 2006 году.

Цзинсин Лахуа, как один из лучших народных танцев в Китае, возник при династиях Сун и Юань, преобладал при династиях Мин и Цин, и распространился в различных школах округа Цзинсин, среди которых выделяются Дуннаньчжэн, Чжуанван и Нангуди.

В категории Янге как таковой Цзинсин Лахуа имеет свои отличительные художественные особенности в поворотах плеч, рук, запястий, ног и ступней, которые отражают силу и мягкость, а также дикость и сдержанность.

Своеобразная музыка выступления Цзинсин Лахуа сочетает в себе хэбэйскую народную музыку духовых инструментов, смешанную с народными мелодиями, храмовой и придворной музыкой. Сильный ритм сочетается с динамичным танцем, создавая ошеломляющую сцену.

В 1996 году Министерство культуры назвало округ Цзинсин «Родным городом китайской народной культуры и искусств (родной город Лахуа)». Он был последовательно удостоен этой национальной награды.

第六部分

阿拉伯文版

1

شه هوه هوا ليان لريف تاو لين بينغ

شـه هـوه هـوا ليـان (نمـاذج مرسـومة علـى الوجـه) لريـف تـاو ليـن بينـغ يقـام كل عـام فـي الخامـس عشـر مـن الشـهر الأول القمـري بريـف تـاو ليـن بينـغ فـي بلـدة شـياو تسـوه لمحافظـة جينغشـينغ وهـو مفعم بجـو الأصالـة ونكهـة العراقـة المؤثـرة. كمـا يحتـوي المهرجـان علـى النشـاطات التقليديـة الشـعبية مثـل تقديـم قربانـا للأجداد وشـكر السـماء وتـلاوة الأدعيـة. وتشـير كلمـة "شـه" فـي البدايـة إلـى آلهـة الأرض ثـم تصبـح تدريجيـا وحـدة مسـاحة المنطقـة التـي تغطـي سـتة لـي (تسـعة كيلومتـرات مربعـة) تقريبًـا. خـلال المهرجـان، يعـزف المشـاركون علـى الآلات الموسـيقية ويغنـون وهم يرقصون حول النار. ولهذا السبب يطلق القرويون على هذا الحدث اسم "شه هوه".

قبـل سـتمائة سـنة، طـرأت معركـة عنيفـة لحمايـة الوطـن علـى تشـيو شـو ليانـغ بجنـوب ريـف تـاو ليـن بينـغ، شـارك المئـات مـن الجنـود والقروييـن فـي هـذه المعركـة الدمويـة بحمـاس وطاقـة، وهزمـوا المعتديـن فـي النهايـة. منـذ ذلـك الوقـت، أنشـأ القرويـون مهرجانـا للأقنعـة يضـم عارضـا مرسـوما علـى الوجـه لإحيـاء ذكـرى هـذه المعركـة. لقـد جعلـوا عروضهـم مميـزة: يلعـب كل ممثـل يرتـدي زيـا مسـرحيا دورا بعارضـات أزيـاء، ويرقـص ويتأرجـح بالسـيوف والرمـاح الحقيقيـة لإعـادة إنشاء مشاهد المعارك لشخصيات تاريخية.

انتقلـت أنشـطة "شـه هوه" فـي قريـة تـاو ليـن بينـغ بشـكل مسـتمر مـن جيـل إلـى جيـل، خاصـة بعـد الإصـلاح والانفتـاح علـى الخـارج. وبفضـل النصائـح الدقيقـة للفنانيـن القدمـاء، يشـهد هـذا النشـاط نهضة جديدة. وحصلت على العديد من الجوائز في المعارض الفنية الحكومية.

2

فن الحفر على الخشب لمحافظة جينغشينغ

يعود تاريخ فن الحفر على الخشب لمحافظة جينغشينغ إلى أسرة تانغ الملكية، وتم تناقله حتى اليوم حسب نظام العائلة. والآن صار هناك وارثان رسميان وهما شيوى جين كاو وشيوى هونغ يانغ.

واتخذ فن الفحر على الخشب الفن التقليدي كمصدر الوراثة، كما اتخذ نشر الثقافة القومية وتعظيمها كقوة دافعة في مسيرة تقدمها، فحافظوا على أساليبهم الخاصة في العملية جيلا بعد جيل. ويتكون الحفر النافر من أربع طرائق الحفر: الحفر العميق والحفر الرقيق والحفر السطحي والحفر المجوف. ونشأ فن الحفر النافر في الأصل من عملية الزخرفة المعمارية. ربما ترى الآن أعمدة منقوشة وعوارض مزخرفة في المباني المحلية القديمة، ومن الممكن أن تجد بعضا من مساند عوارض منقوشة بطريقة بارعة. وأخيرا يتطور هذا الفن إلى حيز تزيين الأثاث. وظل أبناء أسرة شيوي يلتزم بعملية تشغيل التقنيات التقليدية، ويحفظون سر الصنعة لأسرة شيوي: "ضربة واحدة لنقشة واحدة، وحفرة واحدة كل مرة، وسير المنقش حسب الخط، ليصل بين الخط والسطح". وعبر عمليات صقل طويلة واستكشافات مستمرة، أصبح شعور التنسيق وثلاثي الأبعاد لأعمال الحفر في هذه المحافظة أكثر وضوحا ووفرة بحيث يتحلى فن الحفر على الخشب لمحافظة جينغشينغ بالخصائص الفنية الفريدة.

وفي الوقت الحاضر، يهتم فن الحفر على الخشب لمحافظة جينغشينغ بدمج الثقافة التقليدية بالمتطلبات العصرية، ويصمم سلسلة من زينات الأثاث الفنية الحديثة ومشتقاتها على أساس توارث الصنعة العتيقة وتناقلها، مما يجعل أعمال الحفر الفنية التي تحيط بها هالة العراقة تبث نفحات العصر العارمة.

في إبريل من عام 2021، أنشأ شيوي هونغ يانغ، وارث رسمي لفن الحفر على الخشب

لمحافظة جينغشينغ، متحف فن الحفر على الخشب لأسرة شيوي بالقرب من مركز بي قوه التجاري في وسط مدينة شيجياتشوانغ. وهذا المتحف مفتوح للجماهير بالمجان، عندئذ دع كثيرا من الزوار يتعرفوا على هذه الحرفة حتى ينشغف بعض منهم بها.

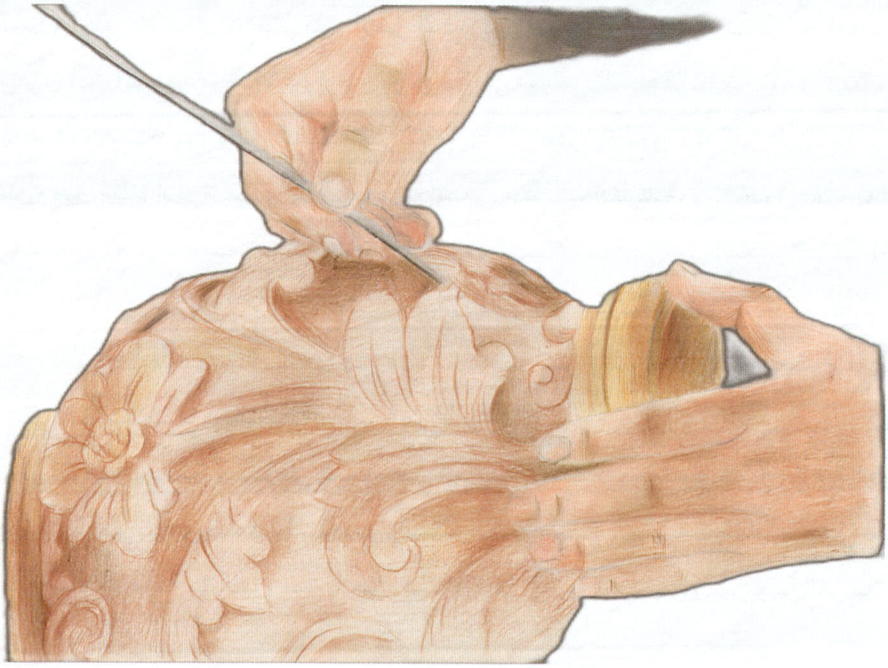

3

فن صناعة الخمر لمدينة شيجياتشوانغ

إن تاريخ صناعة الخمر لمدينة شيجياتشوانغ عريق الينبوع وطويل المجرى. وتبينت دراسة التحف التاريخية أن مدينة شيجياتشوانغ إحدى المصادر القديمة لثقافة الخمر: أولا، المخلفات من خميرة صنع الخمر اكتشفت من آثار أسرة شانغ القديمة في تايشي بمدينة شيجياتشوانغ؛ ثانيا، أقدم خمر عيني في الصين استخرج من قبر ملك تشونغشان لفترة الممالك المتحاربة في محافظة بينغشان لهذه المنطقة، فضلا عن تحف مكتشفة أخرى وسجلات تاريخية مختصة. إن كل برهان وجد من التحقيقات الشاملة في استطاعته أن يدل على صحة الحكم المذكور أعلاه. منذ أسرتي تشين وهان، ظل فن صناعة الخمر ونسبة عموم لعادة الشرب وتطور صناعة الخمر لمدينة شيجياتشوانغ تحتل المقام الأمامي في أنحاء البلاد. إن المهارة التقليدية لفن صناعة الخمر عن طريق تقطير الخامات في الحالة الجامدة في شيجياتشوانغ لها تاريخ عريق طوله أكثر من ألف سنة حتى الآن.

وكان فن صناعة الخمر لمدينة شيجياتشوانغ كما يلي: أولا، يتخذ السرغوم الصيني الممتاز المنتج في منطقة جبل تايهانغ موادا أولية ويختار داتشيوي المقاوم للحرارة المرتفعة ليكون خميرة مسكرة. ثم يمزجهما في الحالة الجامدة بصورة متتابعة، وبعد ذلك وضع هذا المزيج في الخنادق الترابية لتخميره، وبعد أن تم التخمير، تعبئته في الخمس مقاطر الكبيرة التي فوق النار المناسبة شدتها، وعندئذ يأخذ الخمر من المقاطر على مراحل، حتى تخزين الخمر المأخوذ في جر فخارية حسب أصنافه، وأخيرا يجب خلطه وتعديله بدقة قبل خروجه من المصنع. خلال السنوات المنصرمة كانت هذه المهارة تتطور وتتجدد بدون انقطاع، وتناقلها معلمون إلى تلاميذ بصورة شفاهية حتى يتوارثها التقنيون الاختصاصيون جيلا بعد جيل. حيث أصبح فن لا يمكن الفن المعاصر أن يحل محلها. وقد نال فن صناعة الخمر لمدينة شيجياتشوانغ الجوائز والأمجاد عدة مرات بسبب أسلوبها النموذجي الخاص.

4

صناعة القماش اليدوية لقرية يوانتسون بمحافظة زانهوانغ

إنّ صناعة القماش اليدوية لقرية يوانتسون بمحافظة زانهوانغ مهارة يدوية تقليدية تستخدم عجلات الغزل والأنوال وغيرها من الأدوات العتيقة لصنع القماش القطني البلدي، وبدأت تتطور تدريجيا من تقنية ورشة النسج المنزلية لريف كوتو بمحافظة زانهوانغ إلى مستوى الفن الناضج في الوقت الراهن.

في صناعة القماش اليدوية بمحافظة زانهوانغ، تتخذ القطن المحلي كالمادة الأولية لأنه طويل التيلة عالي الجودة، ويتكون نسجه من خلال 72 (اثنتين وسبعين) عملية مثل حلج القطن وندفه والغزل وترتيب الخيوط والتنشية والصبغ والنسج ووقاية من الانكماش. وعملية إنتاجها الكاملة هي الإنتاج اليدوي بدون أية مكنة محركة بحيث يتمكن من حماية للبيئة وإزالة تلوث محتمل حدوثه. نتيجة لأن موادها الخام عالية الجودة، وتقنيتها ناضجة، صار هذا النوع من الأقمشة ينفرد بمزايا امتصاص العرق وانسياب الهواء عبره، وهو سوي الوجه، مرتب الحاشية ولا كرة، ولا جعدة غلى وجهه ولا يخسر لونه، ولا يثير حساسية البشرة، ولا يحدث كهرباء ساكنة، بل مضاد للإشعاع. فيلقى إقبالا شديدا في الأسواق.

وفي عام 2007، قادت الوارثة الشرعية تسوي شيوتشين أكثر من 60 امرأة ريفية، ومعظمهن في منتصف العمر وكبار السن لإنشاء أول جمعية تعاونية مهنية في مقاطعة خبي- الجمعية التعاونية المهنية للقماش المشغول باليد في قرية يوانتسون، والأمر الذي فتح طريقا جديدا لتطوير المشاريع. وعلى أثر ذلك، تأسست شركة شيوتشين (ذ. م. م) لتطوير المنتجات القطنية بمحافظة زانهوانغ في عام 2008 مما يجعل صناعة القماش اليدوية يتطور من ممارسة التجارة اللامركزية إلى صناعة موحدة تتقدم بسرعة في طريق التطور.

إنّ شركة شيوتشين (ذ. م. م) لتطوير المنتجات القطنية بمحافظة زانهوانغ تدار بواسطة

نموذج "شركة زائد جمعية تعاونية زائد حديقة الصناعة الثقافية زائد قاعدة زائد فلاحين"، بالإضافة إلى بناء الحديقة الصناعية لمساندة الفقراء، ومتحف قرية يوانتسون، وقاعة معرض المنتجات الزراعية وإلخ، وقد أنشأت محطات العمل للمهارة التقليدية وخمسة ورشات العمل لتوظيف الفقراء ملهمة بالتراث الثقافي غير المادي. والآن تمتلك الشركة علامتين تجاريتين علامتي "قرية يوانتسون" وعلامة " قرية تايهانغ يوانتسون"، واللتين تتناولان أكثر من ثلاثمائة نوع من منتجات الفراش والملابس وغيرها، وتتوسع شبكة المبيعات لهذه الشركة إلى المدن الكبرى والمتوسطة الحجم في جميع أنحاء البلاد، وتقيم العلاقات التجارية الثابتة مع الدول الأجنبية.

5

قاو تشاو لمحافظة تشنغدينغ

قاو تشاو هو نوع من الألعاب البهلوانية الشعبية في محافظة تشنغدينغ بمدينة شيجياتشوانغ، وينتمي إلى فنون المهرجان بين صفوف الشعب، ويعرض في مركز تشنغدينغ من حين لآخر، لكن يكون هذا العرض البهلواني في قرية شينتشنغبو أكثر تمثيلا.

قاو تشاو (أي علم ملون طويل السارية) يدعى أيضا بتشوانغ فان، ونشأ قبل تأسيس جمهورية الصين وتاريخ تطوره أكثر من مائة سنة. ويقال إن الأباطرة كانوا يقيمون عروض حرس الشرف عند سفرهم، كان عرض قاو تشاو جزءا لا يستغنى عنه في هذه النشاطات. وفي أوقات الفراغ، تعين على حمال قاو تشاو أن يتدربوا على اللعب به حتى جعلوه يرفرف في الهواء الطلق دون أن يسقط، وأصبحوا هؤلاء الحمال ذوي المهارات الفريدة. من ثم وصل حمال قاو تشاو إلى محافظة تشنغدينغ بعد خروجهم من القصر، ونقلوا هذا الفن إلى القروين بحيث صارت هذه المهارة نوعا من الألعاب الشيقة في مهرجان المعابد وأوقات الراحة. منذ ذلك الوقت، شهد تشنغدينغ نهضة عارمة لحملة قاو تشاو وتنتشر إلى الآن.

إن قاو تشاو برنامج هام ذو صفة تمثيلية في عروض المهرجان الشعبية، وهو يمتاز بالصفة الاقليمية البارزة. وقد تشكلت ميزاته الخاصة منذ تطوره المستمر الذي طوله أكثر من مائة سنة. أما عرضه الذي يحتوي سلسلة من الحركات السريعة، فيتطلب أن حماله يتحركوا بضبط وسرعة وثبوت، وأن ينسقوا بين عيونهم وأيديهم حتى تكونا متوافقتين في كل لحظة. لذلك يتحلى هذا العرض بالقيمة الفنية العظيمة ومنقعة التسلية القوية. بصفته وريثا رسميا من الجيل السادس لقاو تشاو في تشنغدينغ، أجاد قوه جيان بينغ كل حركة من حركات عرض قاو تشاو، وسعى أيضا لتحسينها عن طريق الإبداع المستمر حتى قدم مساهمات إيجابية لتطوير فن قاو تشاو. لذلك يرى جميع الناس أن قوه جيان بينغ قد صار نموذجا حيا في ناحية ورث الفنون التقليدية مستندا إلى تفانيه في العمل.

قوه جيان بينغ هو الجيل السادس من قاو تشاو في تشنغدينغ، يتقن جميع حركاتها الماهرة، ومن خلال الاختلاق والتحسين المستمرين، حقق ميراثه تحت حماية التراث الثقافي غير المادي ووراثته في البيئة التي يتم إنتاجه فيها وتطويره، وقدم مساهمات إيجابية في توريثه وتطويره.

6
القصص الشعبية لقرية جينغكون

تأسست قرية جينغكون في أوائل أسرة مينغ والآن تنتمي إلى منطقة قاوتشنغ في مدينة شيجياتشوانغ. وكانت قرية جينغكون مكان مزدهر بالتجارة منذ العصر القديم، لذا، جلبت التجارة ازدهارا لها بينما جلبت القصص والأغاني من كل حدب وصوب أيضا. أصبحت حكاية القصص والاستماع إليها جزءا ضروريا للثقافة الشعبية في قرية جينغكون، كما أصبحت رمزا لثقافة قرية جينغكون الشعبية.

تحتوي القصص الشعبية لقرية جينغكون على الأساطير وأسطورة الأبطال والمحتويات المتعلقة بالمعاصرين الجدد والأحداث الجديدة، تم تجميع القصص الشفوية في أكثر من 20 كتابا مثل <<مجموعة القصص الشعبية لقرية جينغكون>> و<<الرؤية الكبرى لثقافة قرية جينغكون الشعبية>> و<<ألف ليلة وليلة لقرية جينغكون>> وإلخ، حيث كل كلماتها تجاوزت عن 70 مليون كلمة.

تشتهر القصص الشعبية لقرية جينغكون في العالم بالاكتشاف المركزي لمجموعة القصص الشعبية والأدب الشفهي الشعبي حتى حصلت على السمعة الشهيرة – "أول قرية من القصص الصينية". سُمِّيَ تعدادُ القصص الشعبية لقرية جينغكون وبحوثها باسم "مشروع الثقافة لقرية جينغكون"، حتى أصبح ظاهرة من الظواهر الثقافية تدريجيا. تتطرق القصص الشعبية لقرية جينغكون الى علم الاجتماع والأخلاق والتاريخ والدين والفلسفة والأدب وإلخ، و تتمتع بقيمة أكاديمية عالية.

7

المقصوصات الورقية لمحافظة ووجي

إن لفن المقصوصات الورقية لمحافظة ووجي تاريخ عريق، في قديم الزمان، قامت محافظة ووجي بالتقاليد الكثيرة القديمة، منها قص زهور الفوانيس وتعليق الأوراق الملونة وقص رموز السنة (يسمي "فو" في الصين) وتعليق الورق المقصوص لزخزفة الشبّاك. وبدأت المقصوصات الورقية تنتشر في أواخر أسرة مينغ وأوائل أسرة تشينغ. يوجد واحد من أقدم الأعمال في محفوظة المقصوصات الورقية لمحافظة ووجي، وهو <<الجندب والكرنب>> بيدي الحرفية الماهرة لي رونغجي (عام 1854—1926) ذات السمعة الشهيرة.

على أساس وراثة الشكل الجميل والمعنى العميق لفن المقصوصات الورقية التقليدية، تأثر المقصوصات الورقية بالرسوم شانشي ويانغ ليوتشينغ حتى شكلت المقصوصات الورقية لمحافظة ووجي أسلوب تعبير فني ذى موضوعات غنية وأشكال متنوعة وتعبير فني بسيط وسخي ونقي مثالى بعد التطور الطويل والتراكم التاريخي. معظم أعمال المقصوصات الورقية لمحافظة ووجي مليئة بالصور والنصوص، منها الزهور والطيور والأسماك والحشرات والوحوش الغريبة، وعلامات الأبراج الصينية، والأساطير، وجميع أنواع الشخصيات، والخضروات والفواكه وكل ما يوجد في الحياة. العالم مليء بالأشياء المتنوعة، ففي عملية المقصوصات، كل شيء في العالم قابل لمقصوص وهي تلقى رواجا بين الناس.

8

طبل الحرب لمحافظة تشانغشان

إنّ طبل الحرب لمحافظة تشانغشان ممثل ممتاز للفنون الشعبية لمحافظة تشنغدينغ، وله تاريخ طويل وسمعة شهيرة. وفقا لـ<<سجلات لمحافظة تشنغدينغ>>، فقد شكل في الوقت المبكر لفترة الممالك المتحاربة وأصبح شائعا في عهد أسرة مينغ. تم تسميته بسبب موقع مقاطعة تشانغشان في تاريخ محافظة تشنغدينغ.

كان طبل الحرب لمحافظة تشانغشان الطبل الشعبي الذي يتكون من آلات القرع، منها الطبل والصنج الكبير والصنج المتوسط والصنج الصغير والنقس وإلخ. ويتراوح عدد اللاعبين لكل فريق بين عشرات ومئات من الناس، وطرقه وأنواعه غنية مختلفة، وأساليبه الموسيقية عديدة، والذي يتكون من 9 فصول و72 مجموعة، معظمها متكون من الصنوج المستقلة والطبول. أداؤه مهيب وعظيم، إيقاعه مدمج، لديه تغيرات معقدة وصوته عالي، إنه يكون الرقص والموسيقى كتلة واحدة فيها، ثم تحول إلى فن متكامل يعتمد على الموسيقى أساسيا ويمزج بالموسيقى والرقص.

طبل الحرب لمحافظة تشانغشان هو تراث مهم لثقافة الطبل والرقص في محافظة تشنغدينغ. سُمِّيَ طبل الحرب لمحافظة تشانغشان "الأداء الأكثر روعة" بسحره الفريد وأسلوبه الساحر. وحصل على البطولة مرات عديدة في معرض موسيقى الطبل لشمال الصين.

9

أوبرا سي شيان لمدينة شيجياتشوانغ

إنّ أوبرا سي شيان لمدينة شيجياتشوانغ هي من إحدى المسرحيات القديمة في مقاطعة خبي، وهي أيضا مسرحية لحن الأُوبَرا النادرة الفريدة في الصين ومدينة شيجياتشوانغ، تنبع من أسرة مينغ. تعتبر منطقة شيجياتشوانغ مركزا لها وتندمج في العادات والتقاليد المحلية والمفهوم الثقافي من مقاطعة شانشي وخبي وخنان في مسيرة التطوير الطويلة. تقسم أنواع الأوبرا إلى خمسة مذاهب، أي الشرق والغرب والجنوب والشمال والوسط، حيث تؤثر أوبرا سي شيان لمدينة شيجياتشوانغ (هو من مذهب الوسط) أكبر تأثيرات وتنتشر إلى أوسع المناطق.

أوبرا سي شيان لها أسماء أخرى لحن شيان سوه وشيان زي ولوه لوه، قيل إنه تطوير التشكيل في أساس شياو لينغ لأسرة يوان ولحن التقاليد لأسرتي مينغ وتشينغ، أوبرا سي شيان لمدينة شيجياتشوانغ تغني الكلمات بالصوت الحقيقي أولا، فترتفع لحنها إلى المجال الصوتي الكبير، ثم تمدّد لحنها بالصوت المصطنع، فتنزل لحنها إلى المجال الصوت الصغير. لحنها تارة الحماسة والانطلاق وتابرةً العذُوبة والسلاسة، هذا طريق التغنية للحن النهاية التحويل إلى أعلى الأصوات، فإنها ذات ميزة فريدة، وتتمتع بالسحر الفني الفريد.

فرقة أوبرا سي شيان لمدينة شيجياتشوانغ فرقة محترفة وحيدة، هي وحدة الحماية لمشروع الأوبرا سي شيان الذي المشروع التمثيلي للتراث الثقافي غير المادي للمستوى الوطني والقاعدت النموذجية لتوارث التراث الثقافي غير المادي على مستوى المقاطعة لبرامجها التمثيلية <<علبة الختم الخالية>> و<<الجلباب الحرير الأبيض>> و<<حُلم زوجها المستقبلي>> و<<تطريد زوج الابنة>> و<<عداوة عروسان>> وإلخ. سبق لرئيس مجلس الدولة الصيني تشو إن لاي أن شاهد تمثيل الفرقة خمس مرات وأجرى لقاء مع الممثلين أربع مرات وأخذ صورة مرتين، وكتب خطا شخصيا لتشجيع جميع الرفاق.

10
لا هوا لمحافظة جينغشينغ

إن لا هوا لمحافظة جينغشينغ هي نوع من رقص اليانكو الشمالي، ولها تاريخ عريق. تم إدراجها ضمن الدفعة الأولى من قائمة التراث الثقافي غير المادي الوطني في عام 2006.

ونشأت لا هوا لمحافظة جينغشينغ في أسرتي سونغ ويوان، وسادت في أسرتي مينغ وتشينغ، وشكلت في محافظة جينغشينغ وانتشرت فيها أيضا. وهي إحدى من أنواع الرقوص الشعبية الممتازة في أنحاء البلاد. وتطورت أنواع متنوعة في محافظة جينغشينغ، خصوصا لا هوا بريف دونغ نان تشنغ وتشوانغ وانغ ونان قو دي الأكثر تميزا وتمثيلا.

وتتمتع لا هوا لمحافظة جينغشينغ بمزايا فنية فريدة واضحة مع أنها تابعة لرقص اليانكو. تكونت مفردات الرقص الأصلية من انقلاب الكتف والذراع والنسع والساق والقدم، حيث قد شكلت أسلوب فني فريد يجمع المرونة والصلابة والنؤوش والتضمين بينها.

إنّ موسيقى للا هوا لمحافظة جينغشينغ مستقل، ولا تتمتع بسحر آلات النفخ لخبي فقط، بل بألحان الأغنية الشعبية والأوبرا أيضا. وبالإضافة إلى ذلك، لا تخلو من ألوان موسيقى المعبد والبلاط القوية. وأسلوبها بسيط وأنيق، منعش ولطيف، عميق ورائع، قوي وثابت، وهذا الأسلوب من الموسيقى يتكامل مع أسلوب رقص لا هوا الذي يتمثل في الهدوء والكرامة.

بعد أن أطلقت وزارة الثقافة على محافظة جينغشينغ "مسقط رأس الثقافة والفنون الشعبية الصينية (مسقط رأس لا هوا)" في عام 1996 ، لقد حازت محافظة جينغشينغ على هذا اللقب الفخري الوطني لعدة دورات متتالية.

后　记

时光荏苒，转眼间这本书已经到了付梓之际，回想这本书的出版过程，有太多的人值得我们感谢。

感谢我们的翻译团队，河北外国语学院的教师团队为了精准呈现原文的意思，查阅资料，请教专家，付出了辛苦，在此向他们表示衷心的感谢。

感谢为本书绘制精美插图的河北外国语学院传媒学院的以下学生：2021 级美术学专业卜雅楠，绘制《桃花坪花脸社火》插图；2020 级艺术教育专业刘蒙蒙，绘制《井陉木雕》插图；2020 级艺术教育专业郭爱婷，绘制《石家庄酒酿造技艺》插图；2020 级艺术教育专业陈勇丞，绘制《赞皇原村土布纺织技艺》插图；2020 级艺术教育专业刘文帅，绘制《正定高照》插图；2021 级美术学专业刘佳乐，绘制《耿村民间故事》插图；2020 级艺术教育专业朱蕾，绘制《无极剪纸》插图；2021 级美术学专业董奕杰，绘制《常山战鼓》插图；2021 级美术学专业杨静怡，绘制《石家庄丝弦》插图；2021 级美术学专业贾子超，绘制《井陉拉花》插图。

作为一本介绍非物质文化遗产的图书，希望该书的出版能够更好地讲好石家庄故事，乃至河北故事，传播燕赵大地的声音。